Lb 56/736

A SON Exc. M. LE COMTE DE MORNY,

président du Corps Législatif,

Ministre de l'Intérieur au mois de décembre 1851,

Rapporteur

de la loi sur les mesures de sûreté générale.

Hommage respectueux d'estime et de sympathie.

L. LOUBET.

LES
ANCIENS PARTIS
ET
L'ATTENTAT DU 14 JANVIER

PAR L. LOUBET

Vice-président du Tribunal de Carpentras.

Il ne faut pas que les enseignements de ce grave procès soient oubliés !

(*Affaire Orsini* — paroles de M⁰ Nogent-St-Laurent.)

AVIGNON
TYPOGRAPHIE ET LITHOGRAPHIE DE BONNET FILS.
1858

LES ANCIENS PARTIS

ET

L'ATTENTAT DU 14 JANVIER.

I.

Il y a quelques mois à peine, les colonnes de tous les journaux étaient remplies des détails de l'horrible tentative commise sur la personne de l'Empereur. On n'a pas oublié de quel frisson lugubre la France entière fût saisie en recevant la nouvelle de ce guet-à-pens sans nom, qui venait de renouveler dans les rues de Paris la monstrueuse tragédie du 28 juil. 1835.

Je n'ai nullement l'intention de revenir sur ces détails, déjà tant de fois racontés, et dont le souvenir est encore vivant dans tous les esprits. Je veux seulement, à l'occasion de l'attentat du 14 janvier, appeler l'attention publique sur certains points qui me paraissent avoir une importance capitale et qui n'ont pas été encore suffisamment indiqués. Il ne faut pas, disait le défenseur de l'accusé Pierri devant la Cour d'Assises de la Seine, que les enseignements de ce grave procès soient oubliés ! L'éloquent orateur avait raison ; ce sont là de grandes et sévères leçons qui doivent faire réfléchir tous les esprits sérieux.

Quel a été le mobile véritable de l'attentat du 14 janvier ? Faut-il voir dans ce crime l'œuvre d'un parti politique, ou bien seulement l'acte isolé de quelques fanatiques qui ont voulu avant tout assouvir leurs sentiments de vengeance et de haine ? à quelles causes doit-on l'attribuer ? Enfin, quels sont les devoirs que la situation actuelle impose non-seulement au gouvernement, mais encore à tous les hommes impartiaux et honnêtes qui composent ce qu'on est convenu d'appeler *les anciens partis?*

Voilà tout autant de questions qui valent sans doute la peine d'être examinées avec quelque attention et sur lesquelles je me propose de donner mon avis.

Peut-être quelques personnes seront-elles surprises de voir un nouveau venu, étranger par ses études et sa profession aux discussions politiques, aborder un semblable sujet. S'il en était ainsi, je n'aurais qu'un mot à répondre. Dans des circonstances ordinaires, le laisser-faire peut être une doctrine acceptable jusqu'à un certain point, mais il n'en est pas de même à ces époques de bouleversement et de lutte comme la nôtre, où tous les principes sont remis en question. Chaque citoyen devient alors un soldat, et c'est un devoir pour tous, principalement pour les fonctionnaires, d'offrir à la chose publique le tribut de leurs méditations et de leurs études.

Un motif d'une autre nature m'a d'ailleurs déterminé

à prendre la plume dans cette circonstance. Si le respect de la personne du Souverain importe à tous les citoyens, il n'est pas de corps constitué qu'il intéresse plus que la magistrature. Gardienne vigilante du principe d'autorité, elle doit s'efforcer constamment de faire pénétrer et d'entretenir ce principe dans les mœurs publiques. Toutes les fois que les liens sociaux se sont relachés, la magistrature a vu son influence s'affaiblir et sa considération diminuer. Pour qu'elle exerce toute son action protectrice, il faut qu'elle puisse s'appuyer sur un gouvernement fort et respecté.

A ces divers titres, la magistrature ne pouvait rester étrangère à ce grand mouvement de l'opinion qu'a fait naître l'attentat du 14 janvier. Fidèle à des souvenirs qui sont sa gloire, elle s'est associée avec bonheur à l'élan national, et s'est empressée de faire parvenir au chef de l'Etat l'expression de sa douleur et de son dévouement.

Telles sont les préoccupations auxquelles j'obéis en livrant cet écrit à la publicité. Les choses que je me propose de dire auraient pu certes être dites avec beaucoup plus d'autorité et de talent, mais je doute que personne eût apporté dans cette discussion plus de conviction et de franchise. Après tout, ce n'est pas une puérile satisfaction d'amour-propre que je recherche. Je veux faire entendre à mes concitoyens quelques vérités que je crois utiles et opportunes ; si je n'ai pas le bonheur de réussir, j'aurai du moins rempli, comme je les comprends, mes devoirs de citoyens et de magistrat.

II.

La première question qui se présente est celle-ci : l'attentat du 14 janvier est-il un acte isolé, dont aucun parti ne doit être déclaré, si non légalement, du moins moralement responsable? question déjà plusieurs fois agitée et dont je n'ai pas besoin de signaler l'importance. En effet, quelque odieux que puisse être un crime de cette nature, sa gravité est bien moins dans les circonstances qui l'entourent que dans la criminelle pensée qui l'a organisé, qui en a préparé les éléments, et en a sciemment accepté les sanglantes conséquences. C'est à ce point de vue qu'il importe de rechercher si le crime d'Orsini et de ses co-accusés a été connu, accepté, approuvé par les hommes de leur parti.

Assurément, il serait difficile d'admettre que des hommes de cette trempe, conspirateurs émérites, à la fois si habiles, si audacieux, si expérimentés, ssent manqué dans cette circonstance de la prévoyance la plus vulgaire, en laissant ignorer aux frères et amis de Paris ce que les frères et amis de Londres savaient si bien et depuis si longtemps. Dans quel intérêt ces hardis conspirateurs auraient ils gardé le secret? leurs désirs et leurs espérances n'étaient-ils pas les désirs et les espérances du parti démagogique tout entier? une triste expérience nous a appris comment les choses se passent en pareille matière. Les conspirateurs font entrer avant tout dans leurs chances les éventualités de leurs crimes. Dans la prévision de l'horrible succès qu'ils espèrent, ils ne manquent jamais de se concerter avant d'agir avec les sectaires sous leurs ordres, et le coup décisif n'est porté que lorsque toutes les mesures sont prises pour en assurer les suites et en recueillir les avantages. On peut donc tenir pour certain qu'au moment de l'attentat du 14 janvier tout était prêt : les armes, les hommes, les écrits, et qu'en cas de réussite, rien n'eût manqué à la mise en scène ordinaire.

Mais je me hâte de le dire, on n'en est pas réduit ici à de simples conjectures. Grâce aux habiles et consciencieuses recherches des magistrats chargés d'instruire le procès Orsini, tous les doutes qui pouvaient exister sur ce point ont été complètement dissipés. Il doit être établi aujourd'hui pour les esprits les moins clairvoyants qu'il en est de cet attentat comme de tous ceux qui ont troublé le pays depuis 28 ans, et dont aucun ne peut être attribué à des causes imprévues et accidentelles. Tous ces crimes se rattachent évidemment à un vaste et persévérant complot, œuvre de ces sociétés secrètes dans lesquelles les mauvaises passions, exaltées par le mystère dont elles se couvrent, conspirent sans cesse contre la paix publique et s'attaquent à ce qu'il y a de plus sacré et de plus respectable parmi les hommes. Le procès Orsini nous a appris une fois de plus que la bande des assassins politiques est une bande parfaitement disciplinée, ayant ses officiers et ses soldats, allant partout où ses chefs la conduisent, et prête à tous les crimes pour arriver à la réalisation de ses effroyables théories. Seulement le régicide s'est trouvé cette fois, comme on l'a fait remarquer, en progrès. Il a jeté le poignard et demandé au génie moderne des armes plus terribles et plus sûres ; il n'a plus même l'horrible courage qui attaque en face et en plein jour et sacrifie la vie du meurtrier. C'est dans l'ombre et par le guet-à-pens qu'il procède ; il ne compte plus les victimes ; il tue au hasard pour tuer à coup sûr et sans danger.

On comprend aujourd'hui cette agitation sourde, ces menées mystérieuses, ces provocations mal déguisées, ces airs de triomphe et de satisfaction, enfin toutes ces démonstrations étranges de certains hommes bien connus qui ont signalé, dans presque tous les départements la fin de l'année 1857 et le commencement de 1858.

Si l'attentat du 14 janvier est un crime isolé, comment se fait-il que dès le mois de juin, le gouvernement eût été informé de Jersey de la fabrication des grenades fulminantes qui devaient être jetées sous la voiture de l'Empereur et de l'Impératrice ? Comment expliquer ce manifeste insolent de Mazzini, publié quelques jours auparavant dans un journal de Gênes, (1) et ces rapports confidentiels parvenus à l'administration Française sur la prochaine arrivée des régicides ? Comment expliquer les allées et venues continuelles des accusés à travers la France, la Belgique et l'Angleterre, et l'intimité de leurs rapports avec plusieurs réfugiés français dont les projets ne sont un mystère pour personne ? ces frais de voyages de la part d'hom-

(1) *Italia del Popolo.*

mes dépourvus de tous moyens d'existence, qui donc était chargé de les payer? d'où provenaient les sommes considérables, eu égard à leur position, trouvées au domicile des conjurés, après leur arrestation?

On sait aujourd'hui que les auteurs du dernier attentat n'ont été, comme le disait M. le premier président Delangle, que de misérables mercenaires, engagés au service de l'assassinat, que des instruments aveugles et dociles de l'abominable parti auquel ils appartenaient.

On connait l'organisation de ces sociétés rivales qui se disputent, à Londres, le bras des assassins et mettent aux enchères le prix du sang. On sait parfaitement que la pensée du crime est née « au sein de ces
» associations révolutionnaires qui tiennent des séances
» périodiques, qui proclament ouvertement depuis 6
» ans le droit de tuer l'Empereur, qui érigent le meur-
» tre en doctrine et en devoir, qui fanatisent les esprits
» qu'ils ont corrompus, qui arment les insensés qu'ils
» ont fanatisés, qui expédient les assassins avec leurs
» feuilles de route, et qui attendent ensuite, sous la
» tolérance de l'hospitalité anglaise, le résultat de ces
» horribles machinations. » (1)

Il faut donc regarder comme un fait irrévocablement acquis, que l'attentat du 14 janvier n'a pas été un acte isolé, mais un crime longuement prémédité, conçu sous les inspirations d'un parti, et dont la responsabilité doit remonter jusqu'à ceux qui ont sollicité les assassins et armé leurs bras.

(1) L'Empereur Napoléon III et l'Angleterre, p. 17.

III.

Un autre caractère de cet attentat, qui me paraît tout aussi clairement établi et n'a pas une gravité moindre, c'est que, dans la pensée intime des misérables qui l'ont exécuté, cette tentative était bien moins dirigée contre la personne de l'Empereur que contre l'ordre social tout entier. C'est à ce point de vue qu'on peut dire que si l'attentat avait réussi, il aurait pu entraîner non-seulement pour la France, mais pour l'Europe, d'incalculables malheurs. Non pas que je veuille admettre un seul instant que le succès même du crime aurait eu les résultats définitifs qu'espéraient ses auteurs. Je suis bien convaincu, au contraire, que la grande cause de l'ordre et de la civilisation serait sortie victorieuse de cette nouvelle et redoutable épreuve; mais je ne puis m'empêcher de frémir à l'idée des luttes sanglantes dont la mort de l'Empereur aurait pu devenir le signal. Cette histoire des enfants de Cadmus que rappelait M. le procureur-général Chaix-d'Estange, dans son magnifique réquisitoire, eût été peut être un moment notre propre histoire, et la guerre civile eût étendu une fois encore son deuil sur le pays. Il faut rendre grâce à Dieu qui protége la France de n'avoir pas permis que le but des meurtriers fut atteint et d'avoir épargné à notre malheureuse patrie cette nouvelle calamité et cette nouvelle honte. Mais une fois ce devoir rempli, nous devons nous appliquer à sonder attentivement la profondeur de l'abime béant sous nos pas et au fond duquel nous avons été sur le point d'être entraînés.

Que voulait Orsini? que voulaient ses complices? la réponse à cette question ne saurait être bien difficile. On se rappelle la réponse du principal accusé aux interpellations du président de la Cour d'assises : « J'avoue franchement que j'ai considéré Napoléon III » comme un obstacle, et alors je me suis dit qu'il fallait » le faire disparaître. » Cette phrase, dans son affreuse simplicité, a du moins l'avantage de dire clairement les choses, et elle vient parfaitement à l'appui de ce que j'avançais tout à l'heure quant au but réel du complot.

Au surplus, ce n'est pas d'aujourd'hui seulement que le parti démagogique s'attaque au chef de l'Etat pour arriver à cette révolution sociale qui fait l'objet de ses criminelles espérances. Le raisonnement d'Orsini a été le raisonnement de la plupart des conspirateurs qui ont attenté, sous le gouvernement de juillet, à la vie du roi.

A l'occasion de l'un des nombreux procès jugés à cette époque, il fut donné lecture à la Cour des Pairs d'une pièce qui contenait le passage suivant : « Louis- » Philippe est la clef de la voûte de l'état anti-social où » se trouve la France : c'est donc à lui que nous devons » nous attaquer. Une fois jeté à bas, tout l'édifice croule » avec lui. Ainsi notre principale tâche sera d'attaquer » Louis-Philippe ; les gens de sa race, les gens de sa » suite viendront après... Ce serait encore risquer la » partie que de l'entamer autrement qu'en frappant de

» grands coups ; et puisqu'il faut nous expliquer, nous
» ne concevons rien de possible, si l'on ne commence
» par attaquer la tête de la tyrannie, en d'autres ter-
» mes, par tuer Louis-Philippe et les siens.....

» Il est urgent de s'occuper à bien discipliner les
» rangs démocratiques, de préparer les armes et les
» munitions pour le combat....

» Il n'y a qu'un seul moyen d'en finir promptement
» et économiquement avec la tyrannie, c'est d'abattre
» la tête du tyran... Nous invitons en conséquence tous
» les républicains à ne prendre conseil que de leur cou-
» rage, et à courir sus, sans perdre un seul moment,
» contre Louis-Philippe et ceux de sa race. »

En comparant cet écrit à d'autres écrits plus récents
et provenant de la même source, on voit que le langage et les idées du parti révolutionnaire ont peu varié
depuis 1840. Aujourd'hui, comme alors, les démago-
gues considèrent le souverain de la France comme le
plus invincible obstacle à leurs projets, et c'est pourquoi ils provoquent ouvertement aux attentats contre sa
personne. Le meurtre du chef de l'Etat n'est d'ailleurs,
dans leur pensée, qu'un moyen destiné à frayer la
voie à d'autres meurtres. Ce qu'ils veulent avant tout,
c'est le renversement des institutions qui régissent
toutes les nations civilisées, c'est l'abolition des principes qui servent de fondement à toute société humaine. L'assassinat, le pillage, le vol, voilà le but
suprême de ces honnêtes patriotes, qui ont sans cesse
à la bouche les mots de désintéressement et d'honneur.
A les entendre, *l'assassinat n'est pas dans leurs prin-*

cipes ; ils veulent que *la liberté se fonde par la douceur, les mœurs et la vertu !...* C'est ainsi que s'exprimait Orsini devant ses juges, à la cour d'assises de la Seine, oubliant sans doute qu'à deux pas de lui se trouvait la table sur laquelle étaient étalés les linges rougis du sang de ses victimes et qu'on l'avait vu, quelques jours auparavant, dans cette tempête de fer et de feu, semer la désolation et la mort dans plus de 150 familles !

Quoiqu'il en soit, la France ne s'est pas méprise un seul moment sur la véritable portée de l'attentat du 14 janvier. Dès la première nouvelle du crime, toutes les classes de la population ont compris, avec l'honnêteté de leurs instincts, et la grandeur du crime et l'énormité des conséquences qu'il pouvait entraîner. Un immense cri de bonheur et de reconnaissance est sorti de toutes les poitrines : Dieu soit loué ! Que serions-nous devenus si l'attentat avait réussi ! Et cette opinion n'a pas été seulement celle de la France. Elle a été aussi celle des gouvernements qui nous avoisinent et dont les intérêts se trouvent par cela même plus étroitement liés aux nôtres. En apprenant la tentative commise sur l'Empereur, la plupart de ces gouvernements se sont empressés, tout en prescrivant à leurs agents une surveillance plus active vis-à-vis des réfugiés politiques résidant sur leur territoire, de présenter des projets de loi qui punissent de peines plus sévères les auteurs et les apologistes des attentats à la vie ou à l'autorité des souverains étrangers.

L'utilité de ces mesures n'a pas besoin d'être justifiée. S'il est vrai, comme on vient de l'établir, que l'attentat du 14 janvier ait été dirigé bien moins contre la personne de l'Empereur que contre l'ordre social, il est bien évident que le coup qui aurait frappé la France aurait également atteint les autres nations. Le rapporteur de la loi présentée par le gouvernement belge le faisait observer avec beaucoup de raison : « Les gouvernements ne peuvent aujourd'hui s'isoler » dans leur égoïsme sans compromettre les destinées » des Etats qu'ils sont appelés à régir. » Dans l'état actuel des choses, tout ce qui constitue un péril pour la France devient aussi un péril pour nos voisins. La puissance et la sécurité du gouvernement Français sont donc la plus sûre garantie de la puissance et de la sécurité de l'Europe.

Cette vérité ne devrait plus être contestée par personne, depuis les renseignements recueillis par la justice dans le procès Orsini. On sait cependant quelles passions ardentes la question qui nous occupe a soulevées chez un peuple voisin qui nous a si longtemps prodigué ses protestations d'amitié, de confiance et d'estime.

Les incidents regrettables que ce grave débat a fait naître entre les deux gouvernements sont connus de tout le monde, et je n'ai pas l'intention de les rappeler ici. Il y aurait d'ailleurs quelque témérité de ma part à revenir sur un sujet qui a été si remarquablement, on pourrait dire si souverainement discuté, dans une publication récente. (1) Qu'il me suffise de dire qu'en

---

(1) L'Empereur Napoléon III et l'Angleterre.

dépit de toutes les subtilités des publicistes et des orateurs anglais, la question est restée ce qu'elle était au premier jour. Ou bien la législation anglaise donne au gouvernement le droit de sévir contre les réfugiés qui font un odieux abus de l'hospitalité qu'on leur accorde ; et alors comment se fait-il qu'en présence de sauvages tentatives si souvent renouvellées, cette législation n'ait pas été appliquée une seule fois jusqu'en 1858 ? ou bien la législation actuelle est réellement insuffisante, et on ne comprend pas pourquoi le gouvernement anglais ne se hâte pas, dans ce cas, de combler les lacunes qui lui sont signalées ?

A quelques pas de nous, et au milieu d'un peuple qui se dit notre fidèle allié, il existe quelques forcenés, qui, ne tenant aucun compte de nos lois morales et de nos lois politiques, font chaque jour appel, du fond de leurs conciliabules, aux passions les plus brutales, les plus désordonnées. « Niveleurs en délire », disait tout récemment un de nos plus jeunes et de nos plus spirituels académiciens, « qui se ruent sans mo- » tif sur la société la plus civilisée du monde et prê- » chent à la face du XIXᵉ siècle, au nom des droits de » l'homme, l'égalité de la servitude, de la misère et » de l'abrutissement ! » (1)

Il s'agit de savoir si cette poignée d'hommes pervers, Français, Italiens ou Allemands, qui déshonorent leur patrie, fera la loi aux honnêtes gens ; si la législation pénale, qui doit en tout pays assurer la répression des méchants, ne sera plus en Angleterre qu'une

(1) M. Emile Augier. Discours de réception à l'Académie française.

barrière impuissante contre le débordement des plus mauvaises passions.

C'est dans ces termes et pas autrement que la question doit être posée. Depuis trop longtemps déjà la France voit le sol britannique devenir, sous un faux prétexte d'humanité, un repaire d'assassins. Cette générosité mal entendue n'a évidemment servi jusqu'à présent qu'à encourager le crime. Il faut, quoiqu'il arrive, que ce scandale cesse, et que tous ces Catilinas de contrebande, convaincus d'avoir trempé dans les complots anciens ou nouveaux, soient mis dans l'impuissance de recommencer leurs sanglantes entreprises.

Ce n'est pas que la France ait peur de quelques sophistes orgueilleux et sanguinaires, qui paraissent plus aptes à manier un stylet qu'une plume, et ne montrent tant d'audace que parce qu'ils savent parfaitement que la justice du pays ne peut les atteindre. Ces hommes, quoiqu'ils puissent dire ou écrire, ne sont guère à redouter, et le parti de l'ordre ne leur fait pas l'honneur de les prendre au sérieux. Il y a seulement pour le pays, dans cette affaire, une question de morale, de justice et d'honneur, qui a droit à toutes ses sympathies et à laquelle il faut bien que l'Angleterre se décide enfin à donner une solution favorable, si elle ne veut soulever énergiquement en France la conscience publique. Dans l'état actuel des choses, il serait peut-être imprudent d'ajouter un mot de plus; bientôt sans doute nous saurons à quoi nous en tenir sur le bon sens et l'esprit de justice du gouvernement anglais.

IV.

Je viens de m'expliquer sur la portée et les caractères de l'attentat du 14 janvier. Voyons à quelles causes il faut attribuer ce crime, ainsi que la plupart de ceux qui l'ont précédé, soit sous le régime actuel, soit sous la dynastie de juillet.

A toutes les époques, la personne des souverains s'est trouvée en butte, pour divers motifs, aux coups des assassins; mais ces sortes d'attentats ont pris en France, de nos jours, par leur multiplicité et la nature des moyens employés, un caractère exceptionnel, qui fait naître les plus tristes et les plus sérieuses réflexions. Pourquoi, ces faits déplorables se reproduisent-ils si fréquemment parmi nous, alors que les souverains des états voisins vivent dans une sécurité profonde et entourés du respect public? Il y a là évidemment une cause impulsive, une cause spéciale qu'il importe de rechercher et d'étudier, afin d'appliquer au mal les remèdes qui peuvent être nécessaires.

A mes yeux, cette cause impulsive, cette cause spéciale réside surtout dans ces commotions violentes qui sont venues secouer si profondément, dans notre malheureux pays, à quelques années seulement de distance, les fondements de l'ordre politique.

Tout se lie et s'enchaîne dans les principes qui gouvernent le monde moral comme le monde physique. Ce n'est jamais sans une secousse terrible qu'un gouvernement légal et régulier tombe devant la force, que la majesté des lois est outragée et la sainteté du droit méconnue. Les révolutions ne se bornent pas à anéantir le commerce et l'industrie, à réduire à la mendicité le paysan et l'ouvrier des villes, à faire couler des flots de sang dans les désastres de la guerre civile. Elles soufflent dans les âmes je ne sais quel scepticisme désolant qui dessèche les sources de la croyance et du patriotisme pour leur substituer toutes les inspirations de l'orgueil et de l'individualisme. Le veau d'or et la matière deviennent les divinités du jour, la soif ardente des richesses et des jouissances enflamme tous les cœurs, et ces grandes et nobles idées qui ont de tout temps gouverné le monde tombent dans un profond et dédaigneux oubli. De là cet abaissement des caractères, cette défaillance des esprits, cette dépravation des imaginations qui se font toujours remarquer à ces tristes époques et qui se traduisent bientôt en une abondante moisson de crimes.

On ne saurait récolter du bon grain où l'on a semé de l'ivraie. C'est là un principe vieux comme le monde et auquel les évènements accomplis de nos jours sont venus trop souvent donner raison. Chaque fois qu'une révolution nouvelle a éclaté, nous avons vu l'esprit de désordre relever de plus en plus son front insolent et chercher à faire pénétrer dans les entrailles du pays les idées les plus insensées, les théories les plus subversives.

Ceux qui ont vaincu une fois par le glaive, a dit le

comte de Salvandy (1), n'imaginent plus de meilleur arbitre que le glaive pour la conduite des choses humaines. A l'insurrection pour les lois succède sans cesse et partout l'insurrection contre les lois. De toutes parts, on veut des conquêtes nouvelles, une avenir nouveau, et cette inquiétude dévorante ne connait plus de barrière devant laquelle s'arrêtent les ambitions et les haines, les théories et les destructions !

C'est le propre, en effet, du parti révolutionnaire de n'être jamais satisfait et de rêver sans cesse de nouveaux bouleversements, de nouvelles destructions. Parce qu'il est parvenu, dans un jour d'audace et de fortune, à renverser le pouvoir existant, il se croit le droit de changer quand cela lui plaira les institutions et le gouvernement du pays. La puissance publique n'est à ses yeux qu'une sorte de machine qu'il a aidé à monter, et qu'il ne lui sera pas difficile de démonter au moindre caprice.

Le désordre de la rue amène ainsi rapidement, par une pente naturelle, le désordre des esprits ; le vieux poignard régicide sort bientôt du fourreau, et c'est alors qu'apparaissent ces attentats monstrueux, infâmes, qui déshonorent l'humanité et épouvantent les nations civilisées.

Voilà ce qui est arrivé en France, après 1830 et 1848, voilà ce qui est arrivé chez tous les peuples, à toutes les grandes commotions politiques ; voilà ce qui arrivera à toutes les époques où l'esprit de liberté, cor-

(1) *La Révolution de* 1830 *et le parti révolutionnaire.*

rompu dans son germe, se sera développé hâtivement et dans un terrain mal préparé, au soufle dissolvant des révolutions.

Je n'apprendrai certainement rien à personne, en disant que la révolution de 1830 a été le premier signal de l'immense désordre moral dont nous avons été témoins dans ces dernières années.

La première conséquence du renversement de la branche aînée, fut d'ouvrir la porte à toutes les témérités, d'encourager toutes les folies, d'accroître dans d'immenses proportions les prétentions et les exigences du parti triomphant.

Un de nos plus grands écrivains, qui a pris aux évènements de ce temps une part glorieuse, écrivait, il y a quelques années, à propos de la révolution de juillet, ces lignes remarquables :

« Beaucoup de ceux qui vivent aujourd'hui ont eu
» cette destinée de voir plusieurs fois dans leur vie l'é-
» difice social près de se dissoudre, et ses appuis man-
» quant de toutes parts ! sur quelle immense étendue,
» avec quelle effroyable rapidité ont éclaté, à chaque
» épreuve semblable, toutes les causes de guerre et de
» mort sociale qui fermentent incessamment au milieu
» de nous ! qui n'a tressailli à cette révélation soudaine
» des abîmes sur lesquels vit la société, et des frêles
» barrières qui l'en séparent, et des légions destructives
» qui en sortent dès qu'ils s'entrouvent !

» Pour moi, j'ai assisté, jour par jour, heure par
» heure, à la plus pure, à la plus douce, à la plus courte
» de ces secousses redoutables; j'ai vu, en juillet 1830,
» dans les rues, et dans les palais, à la porte des con-

» seils nationaux et au sein des réunions populaires,
» cette société livrée à elle-même, qui faisait ou regar-
» dait faire la révolution, et en même temps que j'ad-
» mirais tant de sentiments généreux, tant d'actes d'in-
» telligence forte, de vertu dévouée et de modération
» héroïque, je frissonnais en voyant s'élever et grossir,
» de minute en minute, un vaste flot d'idées insensées,
» de passions brutales, de velléités perverses, de fan-
» taisies terribles près de se répandre et de tout sub-
» merger sur un sol qu'aucune digue ne défendait
» plus. (1)

La plupart des hommes qui se trouvaient à la tête du mouvement en 1830 furent convaincus que, par l'avènement de Louis-Philippe au trône, la révolution était terminée, et que la France avait conquis définitivement, comme on le disait alors, le repos dans la liberté. Ce n'était là malheureusement qu'une illusion généreuse, à laquelle les évènements devaient bientôt donner un cruel démenti. Il est impossible de le méconnaître aujourd'hui : la révolution de 1830, quelque honnête, quelque modérée qu'elle se soit montrée dans ses tendances et dans ses actes, portait dans ses flancs la révolution de 1848. Ce ne sont là, comme on l'a fait remarquer avec raison, que les deux actes successifs du même drame.

Maintenant que la lumière s'est faite sur les personnes et sur les choses, il faut profondément regretter qu'on n'ait pas eu la pensée de consacrer, dans

(1) M. Guizot, *De la Démocratie en France*.

ces journées décisives, le principe de l'inviolabilité royale, en même temps que celui de la responsabilité ministérielle. En sacrifiant le droit héréditaire, on crut raffermir la liberté, et on ne fit que rouvrir l'ère fatale des révolutions. Malgré toute sa sagesse, malgré le prestige d'une jeune et brillante famille, nous avons vu la monarchie de juillet emportée en quelques heures, dans l'ouragan de 1848, comme la poussière de la route est emportée par le vent au moment de la tempête.

A quoi faut-il attribuer cette crise soudaine et terrible, si ce n'est au principe même dont la dynastie était sortie : chancre hideux qu'elle portait au cœur et qui n'a cessé de la ronger pendant dix-huit ans ?

Qu'il soit du reste bien entendu qu'en m'exprimant ainsi sur la révolution de juillet, c'est seulement un principe que je prétends attaquer, et non le malheureux prince qui fut appelé, dans ce grand désastre, à soutenir la monarchie défaillante, à préserver la France des horreurs de la guerre civile, et qui a si noblement acquitté, selon moi, sa dette envers le pays. Je sais qu'en temps de révolution, la mémoire devient souvent importune, et que l'on rencontre bien des gens disposés à brûler le lendemain ce qu'ils adoraient la veille. Quand à moi, mon passé ne me cause ni regrets ni remords, et c'est pourquoi je ne me prêterai pas à une telle lâcheté. Je le déclare donc hautement, personne n'a été plus dévoué que moi à la monarchie de juillet ; personne, dans son humble sphère ne l'a servie avec plus de fidélité et de résolution. J'ai assisté à sa chûte avec une sincère et profonde douleur, et si mes faibles vœux avaient pu être de quelques poids dans la balance, au mois de février 1848, le comte de Paris aurait aujourd'hui sur la tête une autre couronne que celle de l'adversité.

Que le pouvoir impérial ne s'offense pas de ce pieux hommage, parti du fond d'un cœur reconnaissant et honnête, vis-à-vis d'un gouvernement qui n'est plus. A la manière dont les choses se passent de nos jours, l'exemple ne saurait être contagieux, et on peut être certain d'avance qu'il n'aura pas de nombreux imitateurs.

D'ailleurs, tout pouvoir qui existe n'est-il pas tenu, comme l'a dit un élégant écrivain (1), à une respectueuse gratitude envers les pouvoirs qui l'ont précédé? Les grandeurs prospères — c'est le cas plus que jamais de le répéter — n'ont jamais meilleure grâce que lorsqu'elles se recueillent ou s'inclinent devant les majestés tombées.

V.

Parmi les causes de désorganisation et de ruine jetées dans le pays par la révolution de 1830, il en est une dont les effets ont été particulièrement désastreux et qui doit, plus qu'aucun autre, trouver sa place dans un écrit de la nature de celui-ci. Je veux parler des sociétés secrètes.

(1) M. le comte de Falloux.

Antérieurement à 1830, l'armée de la conspiration et de l'assassinat se réduisait à un petit nombre d'adeptes, la plupart divisés entre eux, et sans influence réelle ; mais à partir de cette époque, et grâce à des efforts infatigables et à une activité vraiment infernale, la France entière se trouva tout à coup enveloppée dans un vaste réseau.

C'était surtout aux ouvriers que s'adressaient les chefs de ces sociétés. On répandait avec profusion parmi eux des libelles infâmes où ils étaient représentés comme de malheureuses victimes, tandis que les maîtres s'y trouvaient dénoncés comme *des oisifs, des parasites, des branches mortes de l'ordre social, des plantes nuisibles et vénéneuses qui sucent la sève des hommes; en un mot des exploiteurs.* (1) En même temps on promettait aux affiliés, en cas de bouleversement, un partage illusoire de jouissance et de bien-être.

Aussi, n'est-il pas un seul désordre de cette époque auquel la classe ouvrière n'ait pris la principale part ; c'était une véritable conspiration en permanence. En se livrant à ces démonstrations, ces malheureux égarés ne faisaient d'ailleurs qu'exécuter un mot d'ordre qu'ils avaient reçu et dont il ne leur appartenait de discuter ni l'esprit, ni les termes.

Ce qui s'enseignait au sein de ces sociétés, les nombreux procès politiques jugés de 1830 à 1848 nous l'ont suffisamment appris. Au premier rang des

---

(1) Formule de reception de la *Société des travailleurs égalitaires*

moyens à employer pour l'établissement de la république communiste figurait le régicide. Dans la pensée des chefs, il ne s'agissait pas de diversité d'opinion sur la conduite du gouvernement constitutionnel ; il ne s'agissait même pas des formes de ce gouvernement. Pour eux, la révolution politique n'était qu'un prétexte ; le vrai but était la révolution sociale. Et c'est parce que le roi était, suivant leur expression, *la clef de la voûte*, qu'ils attentaient à sa vie.

Un de ces scélérats, condamné à mort pour avoir tiré sur Louis-Philippe, et auquel son parti a cherché depuis à dresser un piédestal, interrogé sur le motif qui l'avait poussé au crime, répondait insolemment *qu'il avait usé du droit dont Brutus avait usé envers César*. Il ajoutait, sur une observation du président, que d'après lui *le régicide était le droit de l'homme qui ne peut se faire justice que par la mort du tyran* (1).

Les maximes d'Alibaud étaient celles du parti démagogique tout entier, et on n'a pas oublié combien de fois ces monstrueuses doctrines ont porté leurs fruits. Huit fois, en moins de dix-huit ans, la personne du roi Louis-Philippe a été le point de mire des assassins. Huit fois le crime a été frappé d'impuissance et les armes les plus meurtrières se sont brisées entre les mains des régicides.

Dans ces tristes circonstances, les hommes les plus sages, les plus clairvoyants du parti conservateur s'accordaient à reconnaître avec raison que la cause prin-

(1) Procès d'Alibaud.

cipale du mal était dans l'état de la société, et que cet état devait être lui-même attribué aux calomnies incessantes de l'esprit de parti et aux prédications de la mauvaise presse.

Cette opinion est celle qu'exprimait à la tribune un des hommes d'Etat les plus éminents de notre époque, en présentant ces fameuses lois de septembre, alors si décriées, et pour lesquelles le jour de la justice semble aussi être venu.

« Un grand crime, disait M. le duc de Broglie, a
» consterné et indigné la France, il a jeté une vive lu-
» mière sur la situation de la société.... le mal n'est pas
» nouveau; voilà déjà plusieurs années que la funeste
» industrie des factions remet périodiquement en ques-
» tion la monarchie, au moment où elle semble s'af-
» fermir, les lois quand renait leur empire, la pros-
» périté qui se développe, la société qui se rasseoit. »

L'organe le plus accrédité de ce parti, le *Journal des Débats*, publia, à son tour, à l'occasion de l'affaire Fieschi, plusieurs articles remarquables dans lesquels cette pensée se trouvait développée avec autant de vigueur que de talent.

« L'attentat d'hier n'est pas sans cause morale et
» sans antécédents. L'état moral de notre société est
» mauvais et ne peut enfanter que des désordres et des
» crimes. Que le crime n'ait été conçu que dans le cœur
» d'un scélérat, ou de quelques misérables comme lui,
» ce n'est pas ce que nous avons à examiner. Ces gens
» là se trouvent toujours quand il y a un grand crime à
» commettre. C'est l'air qu'ils respirent qui le produit.
» Dans d'autres temps ils seraient demeurés tranquilles;

» c'est l'état de la société dans laquelle ils vivent qui
» exalte et développe la méchanceté de leurs cœurs et
» l'audace de leurs passions. » (1)

Le même journal ajoutait dans un autre article :

« C'est bien moins le crime qui nous effraie, que le
» désordre d'idées, que la dépravation morale qu'il
» suppose.

» On est effrayé, quand on calcule tout ce qui a été
» ébranlé, depuis quatre ans, d'idées d'ordre et de
» principes sociaux, tout ce qui a été semé de principes
» de mort et d'anarchie !

» Derrière toutes ces haines et toutes ces fureurs
» on n'aperçoit pas même un principe sur lequel les
» factions victorieuses puissent fonder une sorte de
» gouvernement et une apparence d'ordre. C'est dans
» ce désordre des idées, soyez en sûrs, que s'enfante
» la pensée du crime » (2)

M. le duc de Broglie et le *Journal des Débats* avaient parfaitement raison de signaler l'état des esprits comme le côté le plus grave et le plus périlleux de la situation. Il y avait là une plaie sociale profonde, qui ne faisait que s'aggraver chaque jour, et qui appelait les plus prompts et les plus énergiques remèdes. Malheureusement, la révolte morale était partout, et elle avait fait de tels progrès dans toutes les classes, que le gouvernement lui-même ne se prêtait qu'en

---

(1) *Journal des Débats*, 29 juillet 1835.
(2) *Journal des Débats*, 30 juillet 1835.

hésitant aux mesures les plus simples et les plus modérées.

Pendant que le principe d'autorité était ainsi battu en brèche de toutes parts, que le souverain était lui-même exposé personnellement aux plus graves dangers, veut-on savoir quel était le langage, je ne dirai pas de la presse anarchique, mais de cette partie de la presse qui représentait plus particulièrement l'opposition libérale, l'opposition prétendue dynastique? elle attaquait avec ardeur les lois de septembre, comme contraires à l'esprit de la charte et aux promesses de juillet; elle insinuait charitablement que la police pouvait bien n'être pas étrangère aux attentats dirigés contre la personne du roi; elle cherchait à démontrer que la liberté était menacée et la royauté trop prépondérante; elle ne perdait pas une occasion d'accuser la garde nationale et l'armée, chaque fois que la garde nationale et l'armée étaient appelées à verser leur sang pour la défense des lois.

Dans le parlement, nous avons vu, en ces jours de funeste mémoire, quelques ambitieux endurcis employer tous leurs efforts et tout leur talent à démanteler les pouvoirs publics, à traîner le gouvernement sur la claie, à décrier et avilir de plus en plus la majesté royale elle-même. C'est à cette glorieuse tâche qu'ils ont consumé leurs forces pendant dix-huit ans, ameutant sans cesse contre l'autorité, pour la satisfaction de leurs petites rancunes, de leurs petites vanités, les mauvaises passions d'une masse ignorante et inflammable; puis un jour est venu où ils se sont apperçus que le vide s'était fait autour d'eux et que la brèche qu'ils avaient si imprudemment ouverte avait donné passage à des flots de sang et à des monceaux de ruines.

Nous le demandons à tous les hommes de bonne foi: ne faut-il pas plaindre sincèrement le pays où de telles absurdités peuvent se produire impunément et faire tant de dupes?..... Est-il au monde une société qui puisse se soutenir au milieu de tels éléments de dissolution ?

« Est-ce garder les lois d'un sage équilibre, a dit » l'éloquent auteur du *Principe d'autorité*, que d'é- » chauffer sans cesse le peuple par l'idée de ses droits, » de ses prérogatives et de sa liberté, sans le rappeler » par de mâles conseils au devoir, à l'obéissance, au » respect du principe d'autorité? Soixante ans d'épreu- » ves sont suffisants pour prouver qu'une involution » de crises périodiques et de secousses désastreuses » est la conséquence nécessaire de cette fausse direc- » tion. »

Quant à moi, je suis profondément convaincu que ce débordement de mauvaises doctrines, qui signala surtout les dernières années de la monarchie de juillet, a bien plus contribué à sa chute que les pavés et les barricades de février 1848. Lorsque l'ennemi se présenta devant la place, il la trouva ouverte et n'eut pas grand peine à y pénétrer.

VI.

Ce tableau, quelque sombre qu'il puisse paraître aujourd'hui, n'est cependant que l'expression affaiblie de la vérité. Mais il nous était réservé d'assister en 1848 à un spectacle bien plus navrant. Je n'ai pas besoin de rappeler quels furent les résultats immédiats de ce nouveau triomphe de la force brutale contre la loi et l'autorité. Les choses en vinrent bientôt à ce point, que le gouvernement provisoire lui-même se vit dans la nécessité de solliciter de l'assemblée nationale, au bout de quelques mois, les dispositions pénales les plus sévères contre ses propres amis.

Un des membres les plus honnêtes, les plus considérables de ce gouvernement, faisait entendre à cette occasion cet aveu loyal et douloureux :

« Nous aussi, quand nous sommes arrivés au gou-
» vernement des affaires, nous y sommes venus avec
» ces idées, permettez-moi de le dire, plus chevale-
» resques que solides et vraies, dont nos adversaires
» se paraient hier à cette tribune. Oui, nous avions
» cru, ou du moins j'avais cru, pour mon compte,
» que la civilisation avait fait d'assez grands pas dans
» le monde, pour qu'à son éclatante lumière les esprits
» se fussent élevés, les cœurs se fussent adoucis.....
» .....Qu'en est-il résulté ?
» Je ne parlerai pas des attaques contre les person-
» nes..... il y avait quelque chose de plus haut et de

» plus grand, c'était la force même qui gouvernait qui
» était attaquée. C'était toutes les traditions du passé
» qui étaient insolemment mises en question ; c'étaient
» ces colonnes de granit sur lesquelles repose la so-
» ciété, qui étaient ébranlées chaque jour par les atta-
» ques de la presse, et Dieu sait quelle presse, si l'on
» doit lui donner ce nom !...... En échange de cette li-
» berté absolue à laquelle nous avons ouvert la plus
» large porte que jamais elle ait pu désirer, nous n'a-
» vons trouvé que le travail de l'anarchie, niant tout
» ce qu'on avait honoré, dédaignant tout ce qu'on avait
» respecté, foulant aux pieds tout ce qu'on avait
» grandi, et voulant faire de la république je ne sais
» quelle puissance sans nom qui n'aurait pas d'avenir,
» car elle n'aurait pas de tradition dans le passé ! » (1)

Malgré les nouvelles mesures prises par le gouvernement provisoire, malgré ses énergiques efforts, le mal ne faisait qu'empirer chaque jour. Une confusion étrange de toutes les notions du juste et de l'injuste se produisait de toutes parts, jusque dans les plus hautes régions du pouvoir. Pendant ces longues journées de deuil et d'épouvante qu'il nous a fallu traverser, est-il un seul principe de la vie sociale qui n'ait été mis en doute, attaqué, conspué ? qui de nous peut se rappeler sans émotion ces prédications ardentes, ces continuels défis aux institutions, ces provocations à la violence, se reproduisant chaque jour et venant enflammer les masses populaires ?.......... La

(1) M. Marie, ministre de la justice, *Moniteur* du 9 août 1848.

crainte, l'anxiété et l'effroi chez les uns, l'insolence et la menace chez les autres ; le pouvoir désarmé et les agents de l'autorité sans force ; la loi impuissante et méprisée ; tel est le triste spectacle que le pays a été obligé de subir pendant plusieurs années, uniquement parce qu'il avait plu à quelques agitateurs désœuvrés, la plupart dépourvus de moralité et de talent, d'imposer à la majorité une forme de gouvernement qui lui était profondément antipathique !

Cette histoire est celle d'hier et doit être encore présente à tous les esprits. Si un tel état de choses n'a pas eu une plus longue durée, on sait à quels efforts intrépides il faut l'attribuer.

Il est arrivé en 1848 ce qui était déjà arrivé dix-huit ans auparavant. En 1830, Louis-Philippe sembla avoir été choisi tout exprès par la Providence pour le rétablissement de l'ordre. On ne peut envisager sans épouvante ce qu'eût été notre sort, si un pouvoir modérateur n'était intervenu aussitôt pour rassurer les esprits et donner à la France et à l'Europe des garanties de paix et de sécurité.

En 1848, et dans ces circonstances suprêmes qui tenaient le pays tout entier dans l'attente et l'angoisse, un nom éclata tout-à-coup, comme une de ces voiles qui apparaissent aux naufragés, à l'horizon d'une mer implacable. Autour de ce nom, le grand parti de l'ordre se rangea aussitôt avec enthousiasme, comme autour d'un drapeau de confiance et d'union. Dès ce moment, la démagogie était vaincue, parce qu'il venait d'éclore au sein de la France une force politique et conservatrice en état de la vaincre. *L'homme s'agite et Dieu le mène*, a dit un illustre écrivain. Parole admirable, dont la vérité n'avait jamais reçu une plus éclatante démonstration !

Aujourd'hui, grâce à une vigoureuse initiative, la situation s'est singulièrement améliorée. Les intérêts sociaux, si gravement ébranlés et compromis, sont énergiquement défendus. Le respect de la religion, le respect de la loi sont remis en honneur ; la fortune publique s'est relevée ; les esprits ont recouvré plus de calme et de confiance, mais il s'écoulera beaucoup de temps encore avant que les blessures faites au pays par les dernières révolutions soient complètement fermées. Les nombreuses tentatives dirigées contre la personne de l'Empereur depuis 1852, et surtout l'horrible attentat du 14 janvier, prouvent trop bien que le parti démagogique n'a pas désarmé, et combien il serait téméraire de se laisser aller à une confiance absolue.

Après avoir démontré les malheurs enfantés par l'esprit révolutionnaire, il me reste à faire connaître les remèdes que je crois les plus propres, sinon à détruire complètement le mal, du moins à en amoindrir les effets, à en atténuer les résultats. A mon sens, la révolution de 1830 et celle de 1848 sont deux faits déplorables, qui ont exercé sur les destinées de la France la plus funeste influence. S'il était possible de les supprimer d'un trait de plume, il n'y aurait pas à hésiter sur l'emploi de ce moyen, qui aurait pour effet de rétablir le principe d'autorité dans son expression la plus haute et de nous ramener aux véritables conditions du gouvernement. Mais ce n'est pas là qu'est la question. Il est impossible de renier les faits accomplis ; détruire ce qui est serait encore une révolution, et le pays a les révolutions en horreur. Il faut donc pourvoir aux difficultés de la situation avec les moyens dont nous disposons et que le devoir et la constitution autorisent.

Il est parmi nous bon nombre d'esprits chagrins qui sont convaincus que tout doit périr, parce que la monarchie légitime et la monarchie constitutionnelle ont péri, et que l'avenir ne nous réserve que bouleversements et tempêtes. Ce sont là des idées étranges, qui doivent être répudiées et flétries, et contre lesquelles je proteste, pour mon compte, de toute l'énergie de mon âme.

Non, sans doute, la France, cette noble patrie des grands noms et des grands souvenirs, n'est pas une de ces nations maudites et définitivement condamnées du ciel, auxquelles toutes les chances d'ordre et de durée soient ravies sans retour. L'accord et l'union des forces conservatrices ont déjà plus d'une fois sauvé le pays, sur les bords mêmes de l'abîme. Le même résultat sera obtenu, toutes les fois que le pouvoir et les honnêtes gens de tous les partis voudront associer franchement, énergiquement leurs efforts.

Telle est ma conviction profonde, et les lignes qui vont suivre n'ont pas d'autre objet que d'arriver à cette démonstration.

VII.

Les circonstances actuelles réclament évidemment, de la part des dépositaires du pouvoir, une surveillance plus active, un surcroit de précaution et de fermeté. Le gouvernement de l'Empereur l'a parfaitement compris, puisqu'il s'est empressé de prendre, à la suite de l'attentat, une série de mesures que tout le monde connaît et qu'il serait par conséquent superflu de rappeler ici. Mais en dehors des grands intérêts auxquels on a voulu pourvoir dans cette circonstance, il en est d'autres, d'un ordre également élevé et d'une utilité peut-être plus générale, qui attendent leur tour, et auxquels il me paraît non moins urgent de donner satisfaction. Ces intérêts, je vais en indiquer quelques-uns, et mon choix se portera naturellement sur ceux qui touchent de plus près au sujet que je traite.

On comprend parfaitement que ce n'est pas de la politique proprement dite que je veux faire. La mode n'est pas en ce moment aux thèses politiques, et cela se comprend sans peine. Ces sortes de discussions, outre qu'elles n'ont presque jamais répondu aux espérances de personne, n'ont produit à ceux qui ont voulu s'y livrer dans ces derniers temps que déceptions et mécomptes. C'est donc en me plaçant à un point de vue moins ambitieux, mais aussi plus pratique, que e vais dire sur quels points les mesures déjà prises par le gouvernement pourraient être utilement complétées.

« Le péril flagrant », disait M. le Ministre de l'intérieur dans son rapport du 18 janvier, « est dans » cette inépuisable secte d'assassins, se recrutant au » grand jour, à quelques lieues de nos frontières, et » envoyant en peu d'heures, jusqu'au centre de Paris, » ses séides et leurs effrayables instruments de mort. »

Je me suis déjà expliqué à ce sujet dans la première partie de ce travail — je crois qu'il importe en effet à la sécurité de notre pays que *cette inépuisable secte d'assassins* soit dispersée et qu'il soit fait droit aux justes réclamations du gouvernement Français. Mais ce n'est pas seulement *à quelques lieues de nos frontières* qu'est le danger. Au milieu de nous s'agitent, on l'a déjà dit, une multitude de sociétés secrètes, qui continuent sans relâche leur œuvre de propagande et soufflent dans les classes laborieuses les plus détestables inspirations de la démagogie. Il est impossible de révoquer le fait en doute, quand on voit les chefs de ce parti s'en glorifier publiquement. Le citoyen Félix Pyat ne nous a-t-il pas appris dans un de ses manifestes que « de Bordeaux à Lille, d'An-» gers à Lyon s'étendent les silos de *la Marianne*, ses » mines et ses sapes et ses traînées de poudre, que la » moindre bluette doit faire sauter ! »

Les ouvriers, les paysans, voilà, de l'aveu du

même écrivain, les hommes dont on travaille à allumer les passions, à pervertir le courage, que l'on familiarise avec des pensées de spoliation et de meurtre, dont on s'efforce de faire des instruments de désordre et de ruine.

Il n'est plus possible de se faire illusion sur la funeste influence exercée dans notre pays, depuis 1830, par les sociétés secrètes. Il est temps de remonter à la source même du mal et d'extraire du corps social jusqu'à la dernière goutte de ce venin fatal que le fanatisme, l'ignorance et l'esprit de faction y font circuler incessamment. Comment pourrait-on hésiter encore, lorsque chaque jour nous apprend que les anarchistes sont toujours à l'œuvre, n'attendant pour agir qu'un occasion favorable, et que ces incorrigibles ennemis du repos public nous préparent dans l'ombre de nouvelles catastrophes !

Ici une réflexion se présente tout naturellement. S'il est vrai, comme on n'en saurait douter, que de nombreuses sociétés secrètes existent parmi nous ; s'il est vrai, comme l'affirme le citoyen Félix Pyat, que les écrits socialistes continuent de pénétrer *dans la chaumière, aux mains, aux yeux et au cœur des ouvriers et des paysans,* comment se fait-il que des actes de cette nature échappent si souvent à la surveillance de la police, et que les tribunaux soient si rarement appelés à les réprimer !

Cette pensée, je n'hésite pas à le dire, a très-vivement préoccupé l'opinion publique, lors de la dernière tentative dirigée contre la personne de l'Empereur, et on ne comprendrait guère que le Gouvernement ne s'en préoccupât pas à son tour. L'activité et l'intelligence des divers fonctionnaires qui sont chargés plus spécialement de veiller au repos et à la sécurité du pays sont-ils en rapport avec l'importance des intérêts qui leur sont confiés? n'y aurait-il pas quelques améliorations à introduire dans cette branche de l'administration publique? ce sont là des questions sur lesquelles beaucoup d'esprits sensés désireraient que le gouvernement portât son attention la plus sérieuse et que lui seul peut résoudre.

Quand à moi, s'il m'était permis d'exprimer une opinion sur une matière aussi délicate, je dirais que pour obtenir de la police les services sérieux qu'on est en droit d'en attendre, il importe avant tout de n'appeler à ces fonctions que des hommes actifs, éprouvés, pénétrés du sentiment de leurs devoirs, joignant l'intégrité au dévouement. A ces divers points de vue, les sous-officiers de gendarmerie devraient incontestablement être préférés à tous les autres candidats.

Il y a quelques jours, une courte discussion s'élevait au sein du corps législatif, au sujet d'une réduction de 50,000 fr. proposée par la commission du budget sur les traitements des commissaires de police. Nous avons appris dans cette circonstance que l'administration supérieure se proposait de supprimer un certain nombre de commissaires de police dans des communes peu importantes, où la nécessité de leur action ne se fait pas suffisamment sentir.

Je n'ai certainement pas l'intention de jeter la moindre défaveur sur l'institution essentiellement utile des commissaires de police, mais les services rendus par ces fonctionnaires ne peuvent, d'après moi, être mis en parallèle avec ceux de la gendarmerie. La mesure projetée me paraît donc excellente, s'il est vrai, comme on l'a fait entendre, que la surveillance de la gendarmerie doive remplacer dans les communes celle des commissaires de police. Rien n'égale le zèle, le dévouement, le patriotisme, le courage de ce corps d'élite, et le gouvernement ne saurait trouver nulle part un concours plus intelligent et plus sûr. Seulement, la situation matérielle de ces braves militaires aurait besoin d'être considérablement améliorée, car la plupart vivent notoirement dans un état de gêne qui afflige tous les hommes de bien. Rétribuer dignement les services, c'est le meilleur moyen d'en avoir de bons, d'utiles, d'honorables, on peut même dire d'économiques sous une foule de rapports. Cela est vrai pour les fonctionnaires de toutes les classes, mais cela est vrai surtout pour ces fonctionnaires d'un ordre inférieur, dont la vie n'est qu'un sacrifice perpétuel au devoir, et que l'heure de la retraite retrouve le plus souvent, après de longues années de privations, au même poste et aux prises avec des besoins de plus en plus pressants. La gendarmerie rend chaque jour à la société, très-simplement, très-modestement, les plus éclatants services, et je m'estime heureux pour mon compte, de trouver ici l'occasion de lui payer ce tribut de sympathie et d'estime.

La création de nouvelles brigades permettrait à l'administration d'exercer une surveillance plus active dans les cafés, les cabarets et autres lieux ouverts au public, particulièrement dans les communes rurales. Des instructions très nettes et très fermes avaient été adressées a ce sujet à MM. les Préfets, après les évènements de décembre 1851, mais une grande partie des règlements pris à cette époque était depuis lors tombée en désuétude, et il faut savoir gré à M. le Ministre de l'intérieur d'avoir rappelé sur ce point, par une circulaire récente, l'attention de ces fonctionnaires. Les meilleures dispositions s'énervent quand elles sont confiées à des hommes faibles ou inhabiles, et le gouvernement agit très-sagement en mettant quelque fois sous les yeux des divers agents placés sous ses ordres les devoirs rigoureux que la situation leur impose.

Pour en revenir aux sociétés secrètes, un inflexible sévérité me parait aujourd'hui plus que jamais nécessaire. La justice peut seule, en se pénétrant de la grandeur de sa mission, couvrir de son égide l'ordre et la monarchie et préserver la patrie des affreux désordres dont elle est encore menacée. On a cru pendant longtemps que l'indulgence et la douceur devaient finir par désarmer les factions anarchiques. Illusion déplorable, qui a déjà fait couler trop de sang généreux, et contre laquelle il faut avoir le courage de protester hautement !

Ces fausses idées de clémence, tant de fois invoquées sous les derniers gouvernements, et qui n'ont jamais produit le moindre fruit, doivent être abandonnées. Ce qui s'est passé sous le gouvernement de juillet devrait éclairer à cet égard les moins clairvoyants. Chaque fois qu'un attentat venait à se commettre, on s'empressait d'implorer la clémence du prince, et cet appel, on le sait, était souvent entendu. Mais à peine l'émotion causée par la dernière tentative était-elle calmée, qu'une tentative nouvelle venait jeter dans le pays la consternation et la douleur.

Sans doute il est du devoir du gouvernement d'éclairer, de moraliser les classes ouvrières. Il doit chercher à leur faire comprendre tout le danger des doctrines qu'on cherche à propager parmi elles et faire tous ses efforts pour ramener dans la bonne voie les malheureux déjà atteints de la contagion. Il faut qu'il fasse plus encore : il doit prendre hautement l'initiative de toutes les mesures propres à améliorer le sort et le bien-être de cette partie si intéressante de la population. Mais une fois ce devoir accompli, si ses efforts restent impuissants, si ses avis sont dédaignés, il faut bien qu'il se décide à agir et à livrer à la justice du pays tous les membres de ces associations ténébreuses. La magistrature, qui n'a jamais désespéré des lois, prêtera au pouvoir, pour l'accomplissement de cette tâche, ce concours dévoué, courageux, et on peut dire désintéressé, qui ne s'est jamais démenti, même dans les circonstances les plus difficiles.

Il est triste assurément, au sortir de deux révolutions, de n'avoir à faire entendre que des paroles sévères. Mais est-ce la faute des honnêtes gens s'ils se trouvent toujours en face d'une armée de fanatiques incorrigibles, qui se fait gloire de mépriser tout ce qui est respectable, à qui l'ordre déplait parce qu'il est l'ordre, et la loi parce qu'elle est la loi, que le frein de l'autorité irrite sans les dompter, et dont l'audace incroyable tient sans cesse la paix publique en haleine ? après tout, la responsabilité de ces mesures ne revient-elle pas tout entière à ceux-là seuls qui, par leur persistance coupable, les rendent nécessaires ?

Quelques publicistes ont pensé, à une autre époque, qu'un des meilleurs moyens de neutraliser l'action si funeste des sociétés secrètes consisterait dans une forte organisation du parti de l'ordre. Le moment serait peut-être venu d'examiner sérieusement cette question et de rechercher s'il n'y aurait pas en effet quelque chose à faire sur ce point. Si on veut garantir efficacement la vie du souverain, il faut d'abord prouver aux partis anarchiques que les attentats qu'ils méditent ne produiraient pas, même en cas de succès, les effets qu'ils en attendent.

Si le parti de l'ordre avait été organisé en 1793, en 1830, en 1848, la France aurait-elle dans son histoire tant de pages sanglantes ? le parti révolutionnaire aurait-il si souvent et si facilement triomphé ?... si les auteurs de l'attentat du 14 janvier avaient été bien convaincus qu'ils n'avaient rien à attendre de leur crime, croit-on qu'ils l'auraient si légèrement conçu et exécuté ? poser une telle question, c'est évidemment la résoudre.

En matière politique, comme en beaucoup d'autres matières, l'homme isolé, quelle que soit sa valeur morale, n'est pas de force à lutter avantageusement contre le mal. Réuni en corps par des liens honorables et solides, il peut opposer au mal une résistance invincible. La majorité n'a été opprimée si souvent que par ce qu'elle est restée inactive et imprévoyante, sans chefs et sans volonté, dépourvue, en un mot, de moyens de défense suffisants contre un ennemi toujours prêt.

Quels éléments de force et de résistance ne présenterait pas une association de cette nature, faisant intervenir le moindre citoyen dans l'œuvre de la défense sociale, et composée de tous les hommes de cœur qui seraient fermement résolus, en dehors de tout esprit de parti, à défendre jusqu'à la dernière goutte de leur sang la propriété et la famille, les lois et les croyances de leurs pères !

Cette organisation produirait un autre résultat également avantageux. Ce serait de réveiller parmi nous le bon côté de la vie politique, en habituant les gens de bien à compter pour leur salut non seulement sur le pouvoir, mais aussi sur eux-mêmes, sur leur vigilance et leur énergie. Les vraies causes des révolutions en France, on l'a dit avec raison, ne sont ni l'imperfection des lois, ni la faute des gouvernements, mais la lâcheté des cœurs, mais la molesse des mœurs, mais l'indifférence pour les intérêts publics, qui se trahit tour-à-tour par une mutinerie irréfléchie ou par une inertie égoïste.

Je sais qu'une objection a été faite contre cette idée. Il serait à craindre, a-t-on dit, que ce mode d'association ne cachât un but politique secret et ne prît tôt ou tard un caractère hostile. Cette considération ne manque pas certainement pas de gravité, mais il me semble qu'il ne serait pas difficile de remédier, au moyen de quelques sages précautions, au danger qu'on signale. La plus importante consisterait à ne confier la direction des diverses associations qu'à des hommes de conscience et d'honneur, incapables de transiger avec leurs devoirs, et dont les antécédents offriraient des garanties sérieuses. Les sous-préfets, les maires, les officiers de gendarmerie, les officiers supérieurs en retraite, tels seraient, dans chaque arrondissement, les chefs naturels du parti de l'ordre. Ceux-ci auraient à leur tour, dans chaque commune, des citoyens actifs et intelligents, avec lesquels ils entretiendraient des rapports suivis, et qui les tiendraient au courant de toutes les menées démagogiques. Le gouvernement serait ainsi constamment informé de tous les faits politiques de quelque importance qui viendraient à se produire, jusque dans les plus petites localités ; et cette surveillance perpétuelle, tout en encourageant les bons citoyens, aurait pour résultat d'intimider le parti anarchique, en lui prouvant que si l'armée du désordre est toujours prête, l'armée de l'ordre veille de son côté et paraît bien décidée, quoiqu'il arrive, à ne pas subir sa loi.

Je ne sais si je me trompe, mais il me semble que c'est là une de ces idées sérieuses qui valent au moins la peine d'être étudiées et méritent autre chose que l'indifférence et le dédain.

Je disais tout à l'heure que le gouvernement devait prendre l'initiative de toutes les mesures propres à augmenter le bien-être des classes laborieuses. Qu'il me soit permis à cette occasion de dire un mot de notre agriculture. Il y a entre cette matière et celles qui font le sujet de cet écrit plus d'affinité qu'on pourrait le croire d'abord.

Autrefois on s'occupait peu de l'agriculture et on en parlait encore moins. Aujourd'hui tout le monde en parle, tout le monde fait son éloge, tout le monde proclame à l'envi ses bienfaits. Médailles de bronze, médailles d'argent, médailles d'or, concours, banquets, feux d'artifice, tout lui est prodigué. Jamais souveraine ne fut entourée, il faut en convenir, d'hommages plus empressés et n'entendit de plus grâcieuses paroles.

Malgré tout cela, l'agriculture n'est pas complètement satisfaite. Comme après tout elle est de bonne composition, elle assiste à toutes ces fêtes, elle écoute même (ce n'est pas là son moindre mérite) tous ces discours, mais elle n'attache à ces prévenances que l'importance qu'elles ont réellement. Elle n'a jamais eu la moindre prétention à la succession des anciennes rosières, et elle est d'ailleurs très-positive de sa nature. C'est pour cela qu'elle préférerait à cette pompe officielle, à ces dissertations élégantes un peu d'argent et une protection moins fastueuse mais plus féconde en résultats. Elle aurait bien voulu, par exemple, avoir sa part des millions votés en dernier lieu par le corps législatif pour l'embellissement de cette capitale, métropole éternelle des révolutions, qui répond à toutes les avances, à toutes les cajoleries du pouvoir par les votes que vous savez. Quelques millions étaient peu de chose au point de vue financier, mais ils étaient beaucoup au point de vue politique et au point de vue moral; puisqu'ils auraient prouvé aux populations rurales que le gouvernement s'occupait réellement et sérieusement de leurs intérêts. On a répondu à cela que l'Etat n'était pas assez riche pour contenter tout le monde et qu'il fallait arriver avant tout *à l'équilibre du budget*. Il n'y avait pas de réponse possible contre un telle objection. L'agriculture a donc gardé le silence et s'est résignée. Il y a si longtemps qu'elle attend ! pourquoi n'attendrait-elle pas quelques années encore ?

Ne raillons pas, la chose est trop grave. Il s'agit ici d'une question politique, politique par tous les bouts, comme dirait M. de Cormenin. L'agriculture se trouve aujourd'hui dans un état de souffrance manifeste qui exige autre chose que de beaux discours et des démonstrations extérieures. Elle se voit, malgré des promesses formelles, souvent réitérées, sinon complètement délaissée, du moins traitée avec une parcimonie qui contraste singulièrement avec les largesses qu'on prodigue à l'industrie. Pendant que tout est livré à celle-ci, subventions de l'Etat, capitaux, illustrations, puissance, elle reste pauvre, sans ressources, écrasée sous des impôts de toute sorte, cherchant en vain à se soustraire au joug pénible qui l'étreint.

L'écoulement des produits, la facilité et les bonnes conditions des emprunts, ce sont là pour l'agriculture les points essentiels, les organes vitaux qui lui sont indispensables et sans lesquels elle n'aura jamais qu'une existence précaire. Or, ces deux conditions lui manquent également aujourd'hui. Elle a sur les bras une foule de produits qui s'écoulent mal ou ne s'écoulent pas du tout ; et quant aux capitaux, on sait qu'ils ont pris depuis longtemps le chemin de la bourse. L'argent, qui se portait autrefois de préférence sur la propriété foncière, a été, par l'attrait de la spéculation, détourné de cette voie, et il devient maintenant très-difficile, même à un propriétaire aisé, de trouver de l'argent à ce que l'on veut bien appeler encore *le taux légal*.

Un pareil état de choses est vraiment affligeant, et c'est là surtout qu'il faudrait porter remède. Une nation n'est vraiment riche est puissante qu'à la condition de produire tout ce qui est nécessaire à l'alimentation de sa population et à la défense de son territoire, et on n'arrivera à ce résultat qu'autant que l'agriculture sera, de la part des hommes du pouvoir, l'objet d'encouragements réels et constants. Il ne suffit pas de parler d'elle en excellents termes, dans toutes les occasions officielles, il faut surtout lui venir énergiquement en aide et travailler par tous les moyens au progrès agricole sainement entendu. Personne assurément ne peut méconnaître que l'Empereur ne soit personnellement animé sur ce point des dispositions les plus bienveillantes, mais le chef d'un grand état ne peut tout faire par lui-même, et les administrateurs qui entourent Louis-Napoléon ne sont peut-être pas imbus assez fortement des mêmes idées.

Est-il une classe de citoyens qui mérite à un plus haut degré les sympathies du gouvernement actuel? on sait avec quelle ardeur les populations rurales ont toujours répondu aux appels de l'Empereur. Puisque le suffrage universel, que je n'entends pas défendre le moins du monde, donne à nos laboureurs voix au chapitre, il faut songer à les maintenir dans ces sentiments d'affection et de dévouement et ne pas traiter, sous leurs yeux, certaines industries avec tant de générosité et de luxe, quand ils manquent eux-mêmes du nécessaire.

D'un autre côté, n'est-il pas de l'intérêt du gouvernement d'opposer enfin une digue à cette émigration incessante des populations rurales vers les villes, qui a été déjà plusieurs fois signalée par une foule de bons esprits, et qui prend chaque jour des proportions de plus en plus effrayantes.

Le meilleur moyen d'arriver à ce résultat, c'est de dégrever la propriété foncière et d'améliorer la situation des ouvriers agricoles. Il y là une foule d'éléments d'ordre, de conservation et de sécurité qui ne peuvent être délaissés plus longtemps sans danger et sans injustice.

VIII.

Mais c'est surtout dans l'ordre moral que des améliorations importantes peuvent être réalisées par le gouvernement.

Malgré cet extérieur de santé, de prospérité et de force qu'on est porté tout d'abord à admirer, il est impossible de ne pas voir que la gangrène intellectuelle et morale est dans le cœur et dans la tête de la société moderne. Pour quiconque raisonne et observe, de quelque optimisme qu'on soit d'ailleurs doué, il est évident que les tendances générales de notre société sont mauvaises et que nous souffrons aujourd'hui d'un excès de civilisation. Sur ce point la plainte est unanime et part des camps les plus opposés.

Je n'entends pas faire ici du puritanisme, ni usurper le rôle du révérend père Félix, qui s'en acquitte avec tant d'élévation et d'éloquence, mais il m'est impossible de ne pas dire un mot de ce qui frappe tous les yeux, de ce qui préoccupe tous les esprits.

En matière politique, ce qui domine surtout, c'est la lassitude. Les hommes de la génération actuelle paraissent de plus en plus indifférents aux intérêts élevés qui ont agité leurs pères, à la grandeur de leur pays, à son gouvernement, à ses destinées. C'est l'effet ordinaire des révolutions. Après tous les brusques revirements dont la France a été témoin depuis un demi-siècle, comment s'étonner de ce résultat ? Comment demander des convictions fortes et solides à des hommes qui ont presque tous assisté, même dans une courte existence, à deux ou trois révolutions accomplies au nom de principes opposés ? En quelques années, nous avons vu s'abîmer successivement la monarchie légitime et la monarchie constitutionnelle ; les journées de juin succéder aux journées de février ; la république, reparue à la grande surprise de tout le monde et particulièrement de ses auteurs, se débattre quelque temps dans l'anarchie des opinions et puis mourir, après avoir à peine vécu..... Quels sont les idées, quels sont les principes qui pouraient résister à de telles épreuves ?

En matière religieuse, la situation n'est guère meilleure. Sans doute les temples sont toujours fréquentés, les formes du culte sont encore en honneur, mais est-ce là ce qui constitue l'esprit religieux proprement dit ? où sont les convictions profondes ? où sont l'obéissance, l'humilité, l'abnégation, l'esprit de discipline, en un mot toutes les grandes vertus qui font le véritable chrétien ? les pratiques religieuses sont-elles, pour beaucoup de personnes, autre chose qu'une affaire de mode plutôt que de conscience, et y a-t-il des pensées vraiment sérieuses au fond de ces pompes extérieures et brillantes dont nos populations, celles du midi principalement, se montrent si avides ?

On a souvent répété que la littérature d'un pays était l'image fidèle de ses mœurs. Dans ce cas, il faudrait plaindre bien sincèrement la société actuelle. Notre littérature, abjurant sa noble mission, semble en effet avoir pris à tâche, depuis surtout vingt-cinq ans, de courtiser tous les vices, de rendre toutes les vertus ridicules, de flatter par ses fictions corruptrices toutes les mauvaises passions. Qu'est-il résulté de tout cela ? c'est que l'intelligence publique, désormais étrangère aux grandes inspirations, s'est rabattue sur une indigne et funeste pâture, qui l'a rapidement éloignée des saines traditions littéraires.

Dans la pratique des affaires, l'habileté est placée,

de nos jours, bien au-dessus de l'honneur et le succès bien au-dessus du devoir. On dédaigne le produit lent mais sûr du travail honnête pour exploiter la crédulité publique et s'enrichir au moyen des fraudes les plus hardies, des manœuvres les plus honteuses. Conscience, désintéressement, honneur, tout paraît oublié dans certaines régions. Des fortunes inouïes s'élèvent et s'abaissent chaque jour; on n'entend parler de toutes parts que de chûtes lamentables ou de prospérités scandaleuses; c'est le flux aveugle qui monte et descend, ne laissant souvent sur la plage que des débris.

Ce sont là tout autant d'indices d'une maladie morale très-sérieuse, dont le gouvernement ne s'est pas assez vivement préoccupé jusqu'à présent et dont il est de son devoir d'arrêter au plutôt les progrès. A défaut de mobiles d'un ordre supérieur, son intérêt personnel le lui commande, et il y aurait péril pour lui à hésiter plus longtemps. Les mauvais sentiments, les mauvaises productions, les mauvaises idées, les révolutions, les attentats, tout cela se lie intimement, et c'est en réprimant les uns qu'on éloigne les autres. Il faudrait être aveugle pour ne pas voir cela.

Que le gouvernement se hâte donc de se mettre à l'œuvre, en comprimant toutes les volontés déréglées, en rétablissant toutes les idées saines, en encourageant tous les efforts honnêtes, en développant tous les bons instincts, toutes les inspirations morales. Je n'ai pas mission de dire quelles mesures devraient être prises pour cela. L'Empereur a ses conseils, il est entouré d'hommes éminents et dévoués, parmi lesquels il s'en trouve sans doute qui sont disposés à lui dire toute la vérité sur la situation actuelle. Qu'il les consulte, qu'il les interroge, et il saura bientôt à quoi s'en tenir.

Mais pour arriver à des résultats sérieux, il faut que le pouvoir soit bien résolu à imposer silence à toutes les clameurs, à briser tous les obstacles, de quelque part qu'ils puissent venir. La maladie morale que je signale est partout, dans les classes les plus modestes comme dans les plus hautes, elle est à la fois épidémique et contagieuse, et tout le monde en subit plus ou moins l'influence. Il faut donc s'attendre à une résistance énergique, désespérée, de la part des intérêts privés qu'il s'agit d'attaquer et de vaincre.

Que le pouvoir ne se décourage pas pour cela. Tous les honnêtes gens sont avec lui, et la reconnaissance du pays lui est d'avance assurée. Ce n'est d'ailleurs qu'à cette condition que les grands intérêts sociaux dont il a déjà pris tant de fois et si courageusement la défense pourront recevoir une complète satisfaction.

Dans mon opinion, cette intervention officielle ne serait même pas suffisante. Un honorable membre du corps législatif, M. Monier de la Sizeranne, député de la Drôme, faisait remarquer dernièrement que l'un des grands maux de notre époque était cette soif immodérée des jouissances, cette passion du luxe, cet entraînement aux folles dépenses, qui sont devenus un besoin général, au lieu de constituer comme autrefois un état d'exception, et que le plus sûr moyen de modérer ce développement désordonné, c'était l'exemple donné d'en haut par le gouvernement. Cette observation est pleine de raison et de vérité, et l'honorable député dont elle émane doit être rangé au nombre de ces hommes éclairés mais indépendants, rares dans tous les temps et principalement dans le nôtre, que leur profond et respectueux dévouement pour la personne du souverain n'empêche pas de se porter, quand il le faut, à la défense des intérêts publics.

Si le pouvoir pense comme nous que le culte des intérêts privés est aujourd'hui excessif, que cette soif de fortune et ce goût effréné de spéculation sont un mal réel auquel il importe de porter remède, il doit le premier prêcher d'exemple et inspirer aux populations, par sa propre sagesse, l'amour de l'économie, la simplicité dans les habitudes, la modération dans les désirs.

Le meilleur contrepoids à l'effrayante démoralisation qui règne aujourd'hui dans les esprits est sans contredit dans l'instruction publique.

L'enseignement universitaire, malgré d'incontestables améliorations, laisse encore beaucoup à désirer. Il a fait souvent fausse route, et c'est encore un point sur lequel je me permets d'appeler l'attention du gouvernement. Les changements apportés dans ces dernières années ont-ils réellement produit tout le bien qu'on en attendait? sous prétexte qu'il fallait suivre le mouvement industriel, l'enseignement n'a-t-il pas fait une trop large part aux études spéciales, au grand préjudice des études littéraires? quel est le père de famille qui ne voit aujourd'hui dans son fils, élève de cinquième ou de sixième, pour peu qu'il ait du succès dans ses classes, un futur ingénieur, avec huit ou dix mille francs d'appointements et la croix par dessus le marché? la première faute est sans doute aux parents, qui, se préoccupant avant tout des intérêts matériels, veulent que l'éducation des enfants donne comme leurs capitaux les produits les plus faciles et les plus élevés, mais il y aussi de la faute du système suivi par l'Etat, qui, au lieu de se faire le complice de telles prétentions, devrait au contraire les repousser et les combattre de toute son énergie. Ne vaudrait-il pas mieux apprendre à cette jeunesse si pressée de jouir et qui a tant besoin d'être éclairée, à cette jeunesse « fatiguée avant d'avoir combattu, découragée par des » périls qu'elle n'a pas courus, affamée d'un repos » qu'elle n'a pas mérité » (1) que l'aisance et la fortune doivent s'enfanter dans la douleur et être le fruit des longues veilles et des âpres travaux ; que le travail est la première loi de l'humanité, et que le pain le plus honorablement gagné est celui qu'on gagne à la sueur de son front ? Ne vaudrait-il pas mieux lui apprendre de bonne heure à respecter, comme le disait l'Empereur devant le corps législatif, *à respecter tout ce qui élève l'esprit et tout ce qui l'honore?*

D'un autre côté, des idées fort dangereuses sont depuis longtemps propagées dans nos écoles, quand au caractère de certains actes qu'il a plu quelquefois à l'histoire d'excuser et même de légitimer, et qui doi-

---

(1) M. de Montalembert, Discours à l'Académie française.

vent être sévèrement condamnés au nom de la religion et de la morale. Quel est l'élève qui n'est persuadé, en quittant les bancs du collége, que tuer un tyran est un acte licite dans certaines circonstances, et que le meurtrier qui a frappé un grand coup peut devenir pour la postérité un objet d'intérêt et même d'admiration. La manière dont les meurtres politiques et les conspirations est racontée dans les histoires grecque et romaine autorise malheureusement ces idées erronées et tend à les faire accepter par des esprits inexpérimentés et enthousiastes. On n'a pas oublié les paroles d'Alibaud proclamant devant la cour des pairs qu'il avait usé du droit dont avait usé Brutus en tuant César. Combien d'autres misérables qui ont cherché à faire croire qu'en trempant leurs mains dans le sang ils avaient accompli un acte de vertu et de dévouement, et qui ne se sont portés au crime que dans l'espoir d'obtenir dans l'histoire leur part de célébrité !

Ces erreurs grossières, tant de fois signalées, mais toujours en vain, doivent être une fois pour toutes énergiquement et publiquement flétries. Il faut apprendre au peuple que l'attentat à la souveraineté est toujours un acte odieux et criminel, quel que soit le but qu'on se propose ; qu'il est impossible de s'attaquer à la personne du souverain sans s'attaquer à la société elle-même ; qu'une conspiration cause dans un pays bien plus d'ébranlement et de trouble qu'un meurtre isolé, qui fait une victime ; que le régicide est de tous les crimes le plus atroce et le moins excusable, parce qu'en frappant celui sur qui reposent les destinées de la nation, il atteint au cœur la nation elle-même ; en un mot, que l'homme assez pervers pour se porter à cet acte abominable doit rester pour la postérité un objet de mépris, d'exécration et d'horreur.

L'instruction primaire devrait être réformée dans le même sens. Il faut aux enfants du peuple non pas cette instruction superficielle qui ne s'adresse qu'à l'esprit et ne contribue le plus souvent qu'à rendre les hommes plus envieux et plus mécontents, mais cette instruction morale, s'adressant au cœur, qui les rend plus dévoués aux devoirs de leur état, plus soumis à l'autorité, plus résignés aux souffrances qui sont parfois inséparables de leur condition.

« L'enseignement que l'état doit aux classes pau-
» vres » a dit un de nos plus illustres et de nos plus savants magistrats, (1) « est par-dessus tout celui qui a
» pour base la morale et la religion. Ne nous lassons pas
» d'insister sur cette vérité, qui ne frappe pas assez
» tous les esprits. Si vous vous bornez à la culture in-
» tellectuelle, vous mettez aux mains de l'enfant, au
» lieu d'un flambeau propre à le guider, une arme
» qu'il tournera contre lui-même et contre vous. Vous
» ouvrez devant ses regards un horizon, dont la lu-
» mière lointaine en l'éblouissant rend plus épaisse
» l'obscurité qui l'environne. Et, cette sagesse de l'en-
» fant si nécessaire, pour lui apprendre à modérer ses
» désirs, combien elle lui manquera bien plus encore,
» quand ces désirs trompés se changeront en déception
» et en souffrance. »

(1) M. Béranger, De la Répression pénale.

A l'exemple de l'éminent publiciste, je fais des vœux pour que l'enseignement primaire dirigé par les frères de la doctrine chrétienne se propage de plus en plus. Les sentiments inspirés par ces bons frères, si simples de cœur mais si dévoués, portent toujours leurs fruits et la vie entière s'en ressent.

IX.

En signalant au gouvernement ces diverses réformes, je n'entends pas soutenir qu'elles suffiraient seules pour ramener à jamais dans le pays la sécurité et le repos. Seulement, je les crois bonnes, utiles, morales, et je crois qu'elles auraient pour effet d'améliorer considérablement, sous plusieurs rapports, la situation actuelle. Mais je suis convaincu que les efforts tentés par le gouvernement deviendraient inutiles, si les honnêtes gens de tous les partis ne lui venaient courageusement en aide pour l'accomplissement de cette mission. Voilà ce qu'il faut que tout le monde sache bien ; voilà la vérité que je voudrais faire pénétrer dans tous les esprits.

Chaque époque a son caractère et ses dangers. Le caractère et le danger de la nôtre, c'est cette profonde indifférence pour les intérêts publics que j'ai déjà eu occasion d'indiquer et qui a été considérée de tout temps comme un signe de décadence. A cette confiance présomptueuse dans les institutions et les hommes qui distinguait la société française, il y a à peine quelques années, ont succédé tout d'un coup l'abattement et la défiance. L'élan et l'enthousiasme ont disparu et un froid scepticisme a tout envahi. Le doute est le point de départ de la génération actuelle, comme la foi était celui du moyen-âge. Aujourd'hui on ne voit plus, et pour bonne raison, les partis extrêmes et la presse opposante attaquer, harceler le pouvoir et le pousser, haletant et fatigué, hors de ses voies naturelles. On n'entend plus ces insolens défis jetés aux institutions, au gouvernement, à la société toute entière. C'est beaucoup sans doute, mais cela ne suffit pas. Où sont les hommes qui aiment et respectent sincèrement le pouvoir, qui sont prêts à le soutenir et à le défendre en dehors de tout intérêt personnel, par cela seul qu'il est le pouvoir, et dont l'adhésion soit à la fois ferme, dévouée, cordiale ? En présence d'un grand péril commun, l'esprit public semble se réveiller un moment, et toutes les classes de citoyens sont saisies comme d'une surexcitation fébrile ; on s'adresse au pouvoir, on le supplie, on l'implore, on lui prodigue les assurances de fidélité et de dévoûment. Mais une fois le péril passé, l'émotion disparait, chacun revient à ses intérêts et à ses affaires, les services rendus tombent dans l'oubli, et bientôt on n'a plus que des paroles de blâme, où tout au moins des paroles légères et railleuses pour ces mêmes hommes dont on invoquait l'appui, quelques jours auparavant, et qu'on proclamait comme des sauveurs.

Quelques personnes cherchent à excuser ces tendances et ces habitudes en disant qu'elles tiennent au caractère français. Dans ce cas, tant pis pour le caractère français. Cela ne prouve en effet qu'une chose : c'est qu'une nation peut unir beaucoup d'intelligence et d'esprit et même un grand courage militaire à un manque à peu près absolu de caractère et de sens moral.

C'est à la fois un droit et un devoir pour les bons citoyens de s'élever contre cette déplorable disposition des esprits, qui contribue beaucoup plus qu'on ne le croit à corrompre les mœurs, à vicier les idées, à inspirer les attentats.

Aujourd'hui la situation est nette et parfaitement tranchée. Pour sauver le pays, il faut absolument renoncer à toutes ces erreurs, à toutes ces mauvaises traditions qui l'ont conduit plus d'une fois sur le bord de l'abîme. Il n'y a pas de milieu : ou bien il faut se rattacher fortement aux vraies conditions de l'ordre et de l'autorité, ou bien il faut rentrer dans les voies révolutionnaires. Que chacun fasse son choix et dise ses préférences !

Voici comment s'exprimait, à la fin de l'année 1831, et dans des circonstances non moins graves, un brillant publiciste, qui avait déjà fait ses preuves en fait de patriotisme et de courage :

« La sagesse nous trace aujourd'hui une loi impé-
» rieuse, qui pourra être méconnue, mais à laquelle
» il faudra, sous peine de périr, revenir tôt ou tard ;
» c'est d'abjurer les anciennes divisions, de ne plus

» connaître désormais que deux partis : l'un compre-
» nant quiconque, par ses intérêts, ses opinions, son
» intelligence de la haute nature de l'ordre, est néces-
» sairement dévoué à sa cause ; l'autre qui, par des
» utopies de boue ou de sang, est le désordre même.
» Dans le premier, nous ne demandons pas à tel ou tel,
» quelles sont ses affections ; dans le second, à celui-
» ci s'il diffère de celui-là par des arrières pensées.
» Nous ne voyons que les théories qu'on propage, que
» les maux présents qu'on fait. Il est des doctrines
» conservatrices, fécondes, les seules vraiment favora-
» bles au progrès de l'humanité ; nous les embrassons.
» Il en est d'anti-sociales, nous les répudions, et nous
» flétrissons leurs défenseurs volontaires, nous com-
» battrons leurs opiniâtres champions, nous essaie-
» rons d'éclairer leurs prosélytes égarés. Ensuite,
» plus habile que nous, le temps résoudra ce grand
» problème d'un assemblage de trente-deux millions
» d'hommes qui ont renversé tous les principes sur
» lesquels le monde a roulé six mille ans, et qui en-
» tendent rester paisibles et prospères, grands et li-
» bres. Mais ce que le temps ne fera pas, c'est qu'il
» y ait un pacte possible entre l'athéisme et la civili-
» sation, la démagogie et la liberté. La Providence
» même a marqué la barrière, sâchons la reconnaître
» et la respecter. » (1)

Ces lignes remarquables, qui posaient si nettement
la question en 1831, me paraissent avoir encore au-

___

(1) Salvandy. — *La révolution de 1830 et le parti révolutionnaire.*

jourd'hui un à propos saisissant. A l'heure qu'il est, il ne peut y avoir en France que deux politiques : la politique d'ordre et d'autorité et la politique révolutionnaire ; la première, s'appuyant sur toutes les forces morales de la société, honorant la gloire, le talent. tous les grands souvenirs ; la seconde, brutale, capricieuse, sanguinaire, détestant toutes les supériorités, insultant à toutes les grandeurs, tranchant toutes les questions par la force. C'est entre ces deux politiques qu'il faut se décider. Lorsque les premiers intérêts de la vie sont menacés, il ne s'agit pas de savoir quelle est la meilleure forme de gouvernement, ou bien de quel côté sont venues les fautes. Il ne s'agit pas de grandeur, il ne s'agit pas de prospérité, il ne s'agit pas de liberté ; il s'agit d'être ou de n'être pas. L'attentat du 14 janvier est venu à cet égard jeter sur la situation une sinistre mais éclatante lumière. Puisque c'est l'ordre public qui est en péril, il faut avant tout courir à la défense de l'ordre public.

Dans les temps difficiles où nous vivons, il n'y a pas de guide plus sûr que le patriotisme. Avant l'intérêt de parti, avant l'intérêt de tel ou tel prétendant, il y a l'intérêt suprême de la patrie et de la société. Que deviendrait le pays, si chaque citoyen plaçait ses vœux et sa volonté au-dessus des vœux et de la volonté de la France? Celui-là n'est pas un vrai patriote, qui, sous prétexte de rechercher un état meilleur, s'expose à lancer son pays dans de périlleuses aventures. Tels sont les vrais principes ; il n'y a en dehors de là que troubles, déchirements, malheurs incalculables.

Si on veut bien examiner attentivement les diverses causes qui ont produit la plupart des révolutions, on reconnaîtra que la cause principale a été la désunion, le défaut d'entente des hommes d'ordre. La majorité fut toujours saine, comme l'a dit M. de *Serre*, mais il lui est arrivé trop souvent de se diviser, ce qui l'a rendue faible, inconséquente et l'a empêchée de défendre ses intérêts, avec une suffisante énergie.

De 1789 à 1793, la république et la démagogie sont arrivées par le fait de gens qui ne voulaient ni de la république ni de la démagogie. — En 1830, l'immense majorité de la nation ne voulait qu'un changement de ministère, et on lui a imposé un changement de dynastie. Enfin, en 1848, il ne s'agissait que d'une question de banquet, et le pays a dû subir la république à laquelle personne ne songeait.

En regard de ces tristes souvenirs, qu'on place les merveilleux résultats obtenus par le grand parti de l'ordre, toutes les fois qu'il est resté uni d'esprit et de volonté.

Il y a dix ans, la France s'est trouvée tout à coup, à son grand étonnement, sans institutions, sans gouvernement et sans lois. Elle descendait rapidement la pente qui conduit aux abîmes, lorsque le parti de l'ordre s'émut. Pour la première fois, depuis le commencement de ce siècle, on vit toutes les classes de la société ralliées en présence du danger commun, tous les anciens partis s'entendre, accourir à la défense du pouvoir et opposer la volonté de la France aux volontés d'une minorité impuissante et tyrannique. Ce jour-là une grande victoire fut obtenue, et cette victoire s'est renouvelée plusieurs fois depuis lors, dans des circonstances décisives.

Quant à moi, j'ai assisté avec une vive émotion à quelques-unes des grandes réunions populaires qui précédaient ordinairement à cette époque les votes importants, et ce souvenir ne sortira jamais de ma mémoire. Des citoyens de toutes les classes, la plupart divisés quelques jours auparavant par leurs regrets et leurs préférences, se trouvaient réunis sous le même drapeau, par le sentiment du devoir et les inspirations du plus pur patriotisme; tous imposant silence à leurs sympathies personnelles pour n'écouter que la grande voix de la patrie en danger. Nobles, ouvriers, bourgeois, cultivateurs, tous étaient là, confondus pêle et mêle, obéissant à la même pensée, remplis du même enthousiasme. A voir tant de foi ardente, tant de résolution généreuse, on se serait cru transporté à ces jours merveilleux de notre histoire où des populations entières se levaient comme un seul homme, à la voix d'un prêtre inspiré, pour aller se précipiter vers des contrées lointaines. Après tout, c'était encore de la guerre sainte qu'il s'agissait, puisque la lutte suprême qui s'était engagée devait avoir pour résultat l'anéantissement ou la conservation de la société.

Le besoin d'union était alors la pensée de tout le monde. Tous les partis avaient le sentiment intime des périls qui menaçaient l'ordre social, et c'est par cette entente vraiment patriotique de tous les hommes de bien que la France, après avoir à plusieurs reprises touché le fonds de l'abime est parvenue à se relever d'une façon glorieuse et inespérée.

Pourquoi la conduite des anciens partis serait-elle différente aujourd'hui? Le danger est-il moins pressant? Ne sommes-nous pas en présence des mêmes ambitions et des mêmes convoitises? Les mêmes ardeurs insensées n'enflamment-elles pas les cœurs dépravés? N'avons-nous plus à lutter contre les mêmes fantaisies sanguinaires? N'y a-t-il plus de bons à rassurer et de méchants à faire trembler? Si la main intrépide qui a enchaîné le monstre venait à être abattue, qui peut dire ce qui arriverait?

Pour tout homme de sens et de raison, la question doit en effet être posée en ces termes : si une révolution nouvelle survenait aujourd'hui, quel est le parti qui en profiterait? Que les légitimistes, les orléanistes et les républicains honnêtes mettent la main sur la conscience et répondent !

On comprend que les ambitieux qui aiment les émotions et les aventures, qui consultent avant tout leurs caprices ou leurs rancunes, cherchent à renverser ce qui existe. Mais il n'en saurait être de même de ceux qui n'apportent dans la lutte ni amour propre blessé, ni souvenirs irritants, ni esprit de coterie ou de parti, ni préoccupation d'ambition personnelle, c'est-à-dire de la presque unanimité de la nation.

Les hommes politiques qui aspirent au pouvoir et qui rêvent des révolutions nouvelles ont du moins pour la plupart un profit à attendre de ces brusques revirements. Mais le peuple, qu'a-t-il à gagner à tous ces changements et aux odieux excès qui en sont ordinairement la suite ! Aujourd'hui, par exemple, qu'aurait à gagner le pays, à la chute de Louis Napoléon ! où chercher désormais un abri, si cette dernière planche de salut venait à manquer !

Plus je réfléchis, moins je comprends les raisons qui pourraient engager les anciens partis à refuser leur concours au gouvernement actuel.

Le parti légitimiste déplore ce qui a été fait en 1830; j'ai déjà dit que je le déplorais comme lui. Mais en dehors de ce sentiment respectable, de ces honorables regrets, n'y a-t-il pas des principes sacrés auxquels se doivent tous les gens de bien ? N'y a-t-il pas la religion, la propriété, la famille à protéger contre d'audacieuses agressions ? Tous ces grands intérêts ne tiennent-ils pas aussi intimement, plus intimement même à la vie des nations et ne sont-ils pas de droit divin à un plus haut degré encore que la légitimité elle-même ?

Alors que le gouvernement de juillet cherchait à faire de la bonne politique, de la politique sensée, modérée et honnête, nous avons vu plusieurs fois le parti légitimiste pactiser avec l'anarchie, caresser ses passions, exalter ses espérances. Cette conduite n'était ni digne, ni loyale, et c'est à bon droit qu'elle fut sévèrement blâmée à cette époque. Il en résulta que le gouvernement eut à combattre à la fois les hommes d'ordre et les révolutionnaires, *le feu d'en haut et le feu d'en bas,* pour me servir d'un mot de Royer-Collard. La monarchie de 1830 devait succomber, et elle succomba. Mais quel profit en a retiré le parti légitimiste ? La société française s'est vue plusieurs fois à deux doigts de sa perte, et la révolution nouvelle, fruit de cette coalition immorale, a précisément fait prévaloir le principe opposé à celui de la légitimité.

En admettant que la même tactique produisit aujourd'hui les mêmes résultats, il y aurait toutefois cette différence, que les vaincus n'auraient plus affaire à un pouvoir modéré et réparateur, cherchant sincèrement à effacer la trace des anciennes luttes, mais à un ennemi implacable qui les décimerait sans pitié et ferait table rase de toutes les institutions sociales.

Que les légitimistes n'ajoutent pas cette faute irréparable à celles qu'ils ont déjà commises et qui ont tant contribué à la chûte du dernier gouvernement.

Le pouvoir impérial a rendu à la société des services signalés dont ce parti devrait plus qu'aucun autre se montrer reconnaissant. Qui a restauré parmi nous le respect des croyances, le respect de l'autorité, le respect des grands noms et des grands souvenirs? Ces intérêts si imposants ont-ils jamais été mieux protégés et plus franchement honorés?

La plupart des considérations qui précèdent s'appliquent également au parti orléaniste; mais il y a cette différence, que ce parti ne peut, comme les légitimistes, faire au gouvernement impérial une opposition de principe. La monarchie de 1830 avait en effet pour fondement le principe de la souveraineté nationale, qui sert également de base au gouvernement actuel. Si ce principe était bon en 1830, comment aurait-il perdu soudainement, aux yeux de ceux-là même qui l'acclamèrent si haut à cette époque, son prestige et son efficacité?

Pendant les dix-huit années qu'a duré la monarchie de juillet, les hommes les plus éminents du parti conservateur n'ont cessé de faire appel à l'union des bons citoyens, en déclarant qu'en dehors de cette union il n'y avait pour la France aucune chance de salut. Ce langage, qui était moral et patriotique en 1830, en 1835, en 1840, aurait-il cessé d'être moral et patriotique en 1858 ? non sans doute, et M. le comte de Morny l'a dit avec beaucoup de raison : « Pour les hom- » mes animés d'un véritable esprit de patriotisme, ce » qui est bien à une époque ne cesse jamais d'être » bien. » (1)

Parmi les orléanistes, il en est beaucoup que la peur de l'anarchie, de la guerre civile et d'une nouvelle révolution détermina à se rallier franchement, en 1830, au nouveau gouvernement. Les mêmes motifs ne devraient-ils pas aujourd'hui déterminer les mêmes adhésions ? Ne serait-ce pas faire acte de mauvais citoyen que de refuser son concours à un pouvoir réparateur, qui porte d'une main si ferme le drapeau de l'ordre, et dont la cause est forcément devenue, à l'heure qu'il est, la cause de la civilisation et de la société tout entière ? Ce refus de concours serait évidemment contraire à tous les sentimens, à tous les principes, à toutes les idées qui ont toujours dirigé le vrai parti conservateur, et les hommes qui tiendraient une telle conduite mériteraient incontestablement le reproche qu'ils ont si souvent adressé autrefois à leurs adversaires, de placer leurs affections personnelles au-dessus des

---

(1) Rapport de la loi sur les mesures de sureté générale.

intérêts de la France et de faire du patriotisme une affaire de circonstance. Tant qu'a duré la grande délibération ouverte par le chef de l'état, j'ai compris les hésitations, les dissentimens, les divergences, mais aujourd'hui que le pays, ne consultant que le sentiment réfléchi de sa conservation, a dit son dernier mot, à quoi bon les protestations, les arrière-pensées ?

Après tout, si le gouvernement parlementaire à succombé parmi nous, on sait parfaitement à quelles exigences irréfléchies, à quels calculs égoïstes, à quels orgueils effrénés, à quels aveuglements coupables il faut l'imputer. Cette chûte a été sans doute infiniment regrettable, mais on voudra bien reconnaître avec moi que la lourde responsabilité des révolutions doit appartenir à ceux qui les provoquent, directement ou indirectement, et non à ceux qui les terminent.

Après les orléanistes, viennent les républicains modérés, qui ne forment dans le pays, comme chacun sait, qu'une imperceptible minorité.

A ceux-là, que pourrai-je dire qu'on ne leur ait dit déjà plus de cent fois, et avec beaucoup plus d'autorité que je ne puis le faire moi-même ? Le parti républicain a invoqué, il y a dix ans, le suffrage universel, et le suffrage universel a répondu. Maintenant, au nom de qui viendrait-il demander de nouvelles institutions, plus démocratiques et plus populaires ? Il doit bien savoir que les classes élevées, celles qui possèdent l'influence, l'éducation, la fortune, ne sont pas pour lui. Un moment elles se sont ralliées au gouvernement provisoire, en haine et par peur de la démagogie, mais aussitôt qu'elles ont été librement consultées sur le principe même du gouvernement, elles l'ont repoussé de la manière la plus nette et la moins équivoque.

Quand aux classes ouvrières, et par ce mot j'entends surtout le peuple des campagnes, le peuple moral, économe et laborieux, elles ont toujours repoussé les prétendues réformes au moyen desquelles on a cherché à capter leurs suffrages. On ne trouverait pas aujourd'hui un seul village en France qui voulut se lever pour défendre la république.

Que les républicains ne l'oublient pas : 1848 n'a été qu'une déplorable surprise, un coup de main hardi dont le succès n'a tenu qu'à l'incroyable faiblesse du gouvernement de cette époque. C'est pour cela que le parti triomphant a été impuissant à garder le pouvoir et s'est vu obligé de le remettre en des mains plus capables.

Si ceux qui ont invoqué si souvent la volonté nationale étaient de bonne foi, ils commenceraient tout d'abord par se soumettre sincèrement aux décisions souveraines de la majorité ; ils laisseraient là toutes ces constitutions plus ou moins démocratiques, [plus ou moins sociales, dont le pays n'a que faire et qu'il a tant de fois répudiées. Les principes qui régissent aujourd'hui la société française ne sont-ils pas essentiellement démocratiques, dans la bonne acception du mot? Nous possédons la véritable *égalité*, puisque tous les citoyens sont au même titre les sujets de la loi. Il n'y a parmi nous ni forts ni faibles ; tous peuvent atteindre à tout, à la richesse, au pouvoir, à la considération publique. Il n'y a pas de situation si haute qu'elle ne soit accessible au véritable mérite. N'est-ce pas là, en fait d'égalité, la plus grande et la plus précieuse conquête?

A quelle époque la *fraternité* a-t-elle été plus noblement pratiquée? Les institutions charitables ont atteint des proportions jusque ici inconnues et s'étendent chaque jour d'avantage. Aucune misère, aucune souffrance ne reste sans secours. Toutes les classes de la société rivalisent, pour l'accomplissement de cette noble tâche, d'émulation et de désintéressement. Cette fraternité vaut bien assurément celle que la République a inscrite sur ses drapeaux et qui n'a jamais été qu'une fraternité hypocrite et menteuse.

Si maintenant on me demande ce que je fais de la *liberté*, ma réponse sera bien simple. Je serais en droit de dire qu'au lendemain de deux révolutions et au milieu de ces accès de fièvre démocratique dont nous avons été témoins, c'est du rétablissement de l'ordre qu'il faut se préoccuper avant tout. Mais cette réponse pourrait ne pas satisfaire tout le monde ; c'est pourquoi je m'empresse d'ajouter que la France possède depuis longtemps, à mon avis, toutes les grandes et vraies libertés: la liberté de conscience, la liberté des cultes, la liberté de la propriété et du travail, la liberté individuelle. Voilà les droits que la constitution française assure à tous les citoyens, aux plus pauvres comme aux plus riches, aux plus humbles comme aux plus puissants. Quant à la liberté, telle que l'entendent certaines gens, ce qu'elle a de mieux à faire pour le moment, c'est d'attendre que toutes les fautes, je devrais dire tous les crimes commis en son nom soien oubliés. Tant que ce triste et douleureux souvenir pèsera sur la France, il faudra qu'elle se résigne au silence, sous peine de voir ses intérêts à jamais compromis. En attendant, qu'elle médite à son aise ce mot de l'Empereur, qui me paraît digne de fixer son attention : « La liberté n'a jamais aidé à fonder un édifice » durable ; elle le couronne lorsque le temps l'a conso- » lidé. » (1)

Le parti républicain devrait être enfin bien convaincu d'une chose : c'est que malgré toutes les protestations, malgré toutes les assurances, le mot de république n'éveille encore en France que de sinistres pensées. La nation est persuadée plus que jamais que les théories qu'on lui présente sous ce nom, quelques sincères, quelques consciencieuses qu'elles puissent être, n'ont jamais produit et ne peuvent produire que des mécomptes. Longtemps encore on se représentera la république coiffée du bonnet rouge, les bras nus, traînant à sa suite l'anarchie, le pillage et la guillotine... L'immense majorité de la nation tient incontestablement à toutes les grandes et légitimes conquêtes de 1789, mais elle condamne autant qu'elle redoute les idées révolutionnaires qui veulent aller au delà. Après tant de secousses et d'orages, elle aspire au repos, et sa ferme volonté est d'avoir une monarchie forte et réelle qui la protége au dedans comme au dehors. S'il lui fallait absolument choisir entre deux tyrannies, elle pré-

(1) Discours de l'Empereur, session de 1853.

férerait encore, on peut en être certain, la tyrannie d'un seul à la tyrannie de tous.

Je sais bien qu'il est un certain nombre de républicains qui ne veulent ni du désordre ni de l'anarchie. Mais quelle barrière, quel contrepoids auraient-ils à opposer à ces passions subversives, indomptables qui ne voudraient rien laisser debout, si ce n'est peut-être les échafauds! Le parti républicain modéré serait à peine arrivé au pouvoir, qu'il serait débordé par cette démagogie violente qui ne reconnaît pas de maître, une fois qu'elle est déchaînée, et qu'aucune puissance divine ni humaine n'a jamais pu dompter. On croirait sans doute, comme toujours, calmer sa fureur par des concessions, mais nous savons tous ce que vaut ce système en temps de révolution. En li- livrant la tête de l'infortuné Louis XVI, les Girondins crurent sauver leur propre tête et calmer l'ivresse populaire. Quelques mois après, ils étaient obligés de donner leur propre sang, et l'ivresse populaire n'était pas calmée pour cela!

Ces grands faits de notre histoire seront-ils encore perdus pour les partis, et faudra-t-il qu'une révolution nouvelle, plus cruelle et plus sanglante que toutes les autres, vienne leur apprendre les terribles enseignements qu'ils contiennent! Les dangers qui nous pressent ont, ce me semble, un langage assez éclatant, et malheur à qui ne saurait pas les comprendre! Soyons Français avant d'être hommes de partis, et ne faisons pas ce calcul impie d'attendre le bien de l'excès même du mal.

X.

Je termine, il en est temps, et voici ma conclusion :
L'abominable entreprise du 14 Janvier est venue montrer une fois de plus, et cette fois avec une irrésistible évidence, quels immenses dangers menacent à la fois le pouvoir et la société. Pour conjurer ces dangers, que doit faire le pouvoir, que doit faire la société ? Là est le problème à résoudre.

A mon avis, le pouvoir ne doit pas se borner à donner au pays l'ordre et la sécurité, ce premier besoin des nations civilisées. Il doit surtout s'attacher à combattre toutes les fausses idées, tous les mauvais instincts, toutes les mauvaises doctrines qui ont si longtemps égaré la société française. S'occuper de la moralisation du peuple plus encore que de son bien être ; regarder en avant plus qu'en arrière ; accepter tous les concours sincères, sans rechercher les regrets et les affections ; s'entourer d'honnêtes gens plutôt que de gens habiles ; chercher à effacer de plus en plus les préventions que les souvenirs d'une autre époque ont pu soulever contre lui : telle est, en quelques mots, la tâche du gouvernement actuel. Qu'il entre résolument dans cette voie de progrès, de conciliation et de paix, et les adhésions ne lui manqueront pas.

Que, de leur côté, les bons citoyens n'oublient pas

les grands devoirs que les circonstances actuelles leur imposent plus particulièrement qu'à aucune autre époque vis-à-vis du pouvoir.

Un des plus grands esprits de notre temps publiait, il y a quelques années, un écrit de quelques pages dans lequel il examinait, avec cette élévation de pensées et d'expressions qui lui est habituelle, les causes de ce qu'il appelait *nos mécomptes*. Après avoir établi que la monarchie de 1830 avait succombé parce qu'elle n'avait eu pour défendre le pouvoir et les lois qu'une partie de l'armée naturelle du pouvoir et des lois, M. Guizot déclarait qu'à ses yeux le salut de la société était dans la réconciliation sincère des classes moyennes avec les classes élevées. Je partage complètement l'opinion de l'illustre écrivain sur les funestes conséquences produites, sous le gouvernement de Juillet, par la division des diverses fractions du parti monarchique, mais je ne puis croire à la complète efficacité du remède qu'il indique. Selon moi, le rapprochement des diverses classes et des divers partis, quelque désirable qu'il soit, ne pourra produire des effets sérieux et durables, qu'autant qu'il sera accompagné de la résolution énergique de la part de tous de se rallier au pouvoir et de lui prêter main forte dans sa lutte avec la démagogie.

La démagogie! voilà en effet, selon moi, le plus grand ennemi, l'ennemi le plus redoutable, pour ne pas dire le seul ennemi des sociétés modernes. C'est la démagogie qui, il y a 65 ans, fermait les temples, confisquait la propriété, assassinait les plus généreux citoyens, et accomplissait au nom de la liberté et de la fraternité les plus grands actes de férocité et de tyrannie que l'humanité ait jamais eu à déplorer. C'est la démagogie qui, il y a quelques années à peine, cherchait à réhabiliter ces temps odieux et ces mémoires maudites. C'est elle qui voudrait aujourd'hui encore nous imposer ce régime de sang et de violence.

Dans de telles circonstances, quel homme de bien pourrait encore hésiter !... Puisque la démagogie veut la guerre, tenons nous prêts pour la guerrre, et qu'à son approche chacun de nous répète le cri de ralliement de ce jeune héros, mort si glorieusement pour son pays : *à moi, Auvergne, c'est l'ennemi !*

Jusqu'à présent le pouvoir a été violemment, audacieusement attaqué, tandis qu'il n'a jamais été que faiblement défendu, même par ceux qui avaient le plus d'intérêt à le défendre. Si elle veut en finir avec les révolutions et les révolutionnaires, la société doit évidemment réformer sur ce point ses tendances, ses habitudes, ses sentiments. Les honnêtes gens ne doivent pas se croire quittes envers le pouvoir en ne conspirant pas ; il faut qu'ils soient bien pénétrés de cette pensée, que la cause du pouvoir est leur propre cause, que ses intérêts sont leurs intérêts, que ses périls sont leurs périls. Il faut, en un mot, qu'il n'y ait plus parmi nous que deux armées et deux drapeaux : l'armée et le drapeau de l'ordre, l'armée et le drapeau du désordre. C'est là seulement qu'est le salut de l'avenir. Vainement aurions-nous gagné dans les rues des batailles éclatantes, si nous perdions ensuite par nos divisions le fruit de ces victoires. La propagande révolutionnaire n'en continuerait pas moins son œuvre de destruction et de mort, et les entreprises démagogiques auraient, un jour ou l'autre, un peu plus tôt ou un peu plus tard, une issue fatale.

Telles sont surtout les vérités que je me suis proposé de faire ressortir dans l'écrit qu'on vient de lire. Je m'estimerais heureux si ce cri de ma conscience pouvait porter dans quelques esprits sincères la profonde conviction qui est dans le mien.

La génération actuelle a commis de grandes fautes, et elle en recueille aujourd'hui les fruits. Puisse du moins la génération qui arrive, cette génération enfantée dans les déchiremens et les luttes, ne pas tomber dans les mêmes écarts ! Puisse-t-elle, éclairée par les rudes leçons du passé, ne jamais oublier cette vérité éternelle, que la force sait briser et détruire, mais qu'elle n'a jamais rien su fonder, ni rien conserver !

www.ingramcontent.com/pod-product-compliance
Lightning Source LLC
LaVergne TN
LVHW020959090426
835512LV00009B/1969